中川浩一

ガザ

日本人外交官が見た
イスラエルとパレスチナ

GS
幻冬舎新書
714

はじめに

私が、初めてガザを訪れたのは、１９９５年から１９９８年までのエジプトでのアラビア語研修中の、１９９６年7月。エルサレムにあるヘブライ大学でのサマーコースに参加していたときの休日であった。

当時は、ガザにすでにハマスも存在していたが、与党のファタハがマジョリティで、またパレスチナ自治政府（ＰＡ）が権限を握っていたので、治安も比較的安定していた（ハマスのガザ完全占領は２００７年以降）。

外国人（パレスチナ人は別）もパスポートを持って、検問所で荷物検査を受ければ、少し時間はかかるが問題なくガザに入域できた。

私はその前の1年、カイロに住んでスラム街も見ていたので、思ったよりも整然と

1996年、ガザの難民キャンプで出会った、ムスタファさんとその家族。

していうのがガザの最初の印象だった（ただし日本から、アラブを知らずにいきなりガザに来ると貧困に衝撃を受けるだろう）。

　ガザは、４つの地区からなる（北からベートハーヌーン、ガザ市、ハーンユーニス、エジプトとの国境のラファハ）。私は、難民キャンプ（計８つある）を訪問したかったので、タクシーで自力で一番大きいジャバリア難民キャンプ（２０２３年11月、イスラエル軍による激しい空爆が行われた）に行き、そこで難民の方に突撃インタビューを試みた。それがムスタファさんの家であった。

　本当にやさしいお爺さんで、アラビア語もまだまだつたない私に、丁寧《ていねい》に分かりやすく話してくれた。イスラエルから１９４８年に戦争で追われて、ずっとここにいる、いつか故郷に戻りたい、いつかはパレスチナ国家の首都となるべきエルサレムも訪問したいが、イスラエル当局は決してガザの難民のエルサレム訪問は認めないのだと嘆いていた。ガザの当時の人口は１００万人で、そのうち約８割が難民である。

もっとも難民キャンプといっても、当時すでに50年近く経っており、いわゆるテントだけではなく、石造りの小屋のようなところも多くあった。このムスタファさんとの出会いを通して、自分はよりパレスチナ問題を深く勉強したい、なぜパレスチナ人はこのような悲惨な思いをしなければならないのかを、もっと彼らの母国語（アラビア語）で理解したいと思うようになった。

一方でイスラエルにいると、パレスチナ人、ハマスによるテロへの憎しみが渦巻いている。この問題の根深さを、歴史、地政学、さらには人間の感情というあらゆる角度から掘り下げたい、そのためにはパレスチナ（自分はアラビスト）で外交官として働きたいとの思いを強くし、外務省人事関係者へのアピールも始まった。

アラビア語は世界最難関の言語と言われ（アメリカ国務省、日本外務省でもそのよ

2001年、ガザの難民キャンプでムスタファさんに離任のあいさつ。

うな位置づけ）、長い期間の勉強が必要である。それでも中東の根源の問題を知りたい、との思いがアラビア語の文献をたくさん読む強い原動力になった。

その後希望がかない、1998年7月からガザの日本政府代表事務所勤務が始まった。

京都の両親と、妻と一緒に、ガザに入り、日本の代表事務所やガザの南部まで一緒に行ったこと、カフェでガザの海を見ながらくつろいだことなどは、今となっては考えられない良い思い出である。

ガザ事務所の、パレスチナ人ローカルスタッフが快く私たち家族を案内してくれた。ガザの南部には、ガザ国際空港があった。今となっては、信じられないだろうが、ガザには当時、限定的ではあるが空の自由もあったのだ。また、数は少ないが、外国人が泊まれるホテル（パレスチナホテル）もあった。国連職員はだいたいここに滞在していた。

ガザでは、日本のナショナルデーレセプションも開催した。日本とガザの要人の関係は深かった。アラファト議長もレセプションには参加していた。紺野美沙子・国連開発計画（ＵＮＤＰ）親善大使もガザを訪問（２０００年）、先述のムスタファさんを紺野大使に紹介できたのは、自分の外交官の活動の成果として嬉しかったことを覚えている。

一方、生活面では、ガザは当時も貧しかった。特に難民キャンプの生活は信じられないくらい、ひどかった。ムスタファさんも、肉を食べることはほとんどできず、パンと野菜（それも新鮮ではない）でなんとか生活していると言っていた。ガザには富裕層はほとんど存在しないが、パレスチナ自治政府の高官はいつも、汚職、賄賂《わいろ》の疑いの対象となっていた。

外国人にとっても生活は楽ではなかった。娯楽はない（映画館もない）、マクドナルドも、ケンタッキーも、いわゆる欧米のファストフード店はない（それはヨルダン川西岸も同様）。もちろん日本料理店も、中国料理店もない。当時もそうであった。あるのはシャワルマ（アラブ風焼肉）屋さんのみ。

しかし、フライドチキンの美味しい店はたくさんあった。アラブのチキンは、柔らかくて美味しいのだ。パレスチナ人スタッフが、いろいろな店から事務所に届けてくれたのを思い出す。もうそのガザのスタッフとは連絡もとれない。どうしているのだろうか、無事だろうかと、心配でならない。

一方、ガザとは違い、パレスチナのもう一つの領土、ヨルダン川西岸は面積的には広い。その中に、パレスチナの都市は北からジェニン、トゥルカレム、ナブルス、カルキリヤ、ラマッラ（パレスチナ自治政府の拠点）、ベツレヘム、ヘブロン、ジェリコの８つ（エルサレムは除く）。一人当たりの生活水準もガザに比べると格段に高く、難民の割合も低い。

また、ガザと比して、ヨルダン川西岸のパレスチナ人は、イスラエル本土への出入りが比較的自由で、そういう意味で、彼らの生活はイスラエル経済と一体化していた。

ただし、ガザとは違い、ヨルダン川西岸には多くのイスラエル人住宅地（これを入植地という）があり、パレスチナの都市、居住区と隣接している。それは貧しい村に突如ヨーロッパのホテルが立っているイメージで、貧しいパレスチナ人の憎悪を駆り立てる直接の原因となっている。イスラエル人住宅地を取り囲むイスラエル軍との衝突は、時には激しさを増すのだ。

一方で、ヨルダン川西岸では、ガザと違い文化的な活動も盛んに行われていた。私が勤務していたときには、紺野美沙子ＵＮＤＰ親善大使が、パレスチナのラマッラ（ガザも）を訪問し、日本がＵＮＤＰ経由で支援した文化センターで講演され、私がそれをアラビア語で通訳したのである。

私は、このヨルダン川西岸の各都市も定期的に訪問し、市長やファタハの幹部らと

(上)紺野美沙子UNDP親善大使。日本がUNDP経由で支援した文化センターで講演され、それを私が通訳した。
(下)ガザの難民キャンプでムスタファさんを紹介。

意見交換を密にしていた。また、浄水路の整備を行った、日本のODAの引き渡し式などにもよく参加したものである。
私がいた時代のようなガザ、ヨルダン川西岸はもう戻ってこないだろう。

2023年10月7日、ハマスによるイスラエルへの急襲攻撃が始まったからだ。その後、12月上旬まででイスラエル、パレスチナ双方の死者は合わせて1万6000人を超え、双方の攻撃の応酬による連鎖は、イラン、シリア、レバノンなども巻き込み、中東地域全体への拡大の恐れもある。
そうなれば、第五次中東戦争にもなりかねない。パレスチナ問題の根深さを改めて浮き彫りにした今回のハマスの怨念の背景には何があるのか。なぜパレスチナ問題は、

アラファトPLO議長と握手。20回ほど通訳を務めた。

イスラエル建国（１９４８年）後75年以上経過しても解決できないのか。

１９９８年７月から、ガザの日本政府代表事務所に初代外交官として勤務した私は、当時イスラエルのテルアビブに居住しながら、パレスチナ側のガザ、そしてヨルダン川西岸に通う日々であった。平均してガザは週３回だったと思う（その他はヨルダン川西岸の各都市とエルサレム）。

アラファトＰＬＯ議長のアラビア語通訳も約20回務めた。10月７日のハマスの攻撃では、イスラエル南部のガザとイスラエル境界付近が特に被害が多かったが、そこはまさに私の通勤路でもあった。ガザの検問所を私は日々往来していた。だからこそ、今回、イスラエルがハマスの地上攻撃を許し、人質を取られたことが信じられない思いだ。パレスチナ人が、物理的にも検問所を通り抜けるのは不可能だったからだ。

私には、イスラエルの友人も、パレスチナの友人も多くいる。お互いの主張も熟知しているからこそ、この問題がどうにも解決できないことが誰よりも分かる。しかし、オスロ合意の1993年9月から第二次インティファーダ（民衆蜂起）が発生する2000年9月までの間、イスラエルとパレスチナの交渉は真剣であった。パレスチナ独立国家が誕生する日も近かった。

何を隠そう、私は、パレスチナが首都と主張していた東エルサレムに日本国大使館の物件を探した最初の外交官だった。そして最後の外交官になるかもしれない。しかし実際には、当時も、パレスチナ国家は樹立されなかった。今回のハマスの攻撃で、今後何十年かけてもその日は来ないかもしれない。双方の意味のある交渉は、過去の歴史の中で、この7年間だけであった。正式には2014年に交渉は停止されるが、その間も接触が行われていた程度であった。

なぜ、イスラエル人とパレスチナ人はこれほどまでに憎み合うのか、それは学問では決して解決することはできない。理論を超えた、生身の人間同士の感情だ。学問で解決するなら、数学のように方程式があり、必ず解決できるはずだ。しかし、できないのはなぜか。

この問題は、考えれば考えるほど、勉強すれば勉強するほど気が重くなる。もしあなたが気が重くならなかったら、あるいは簡単にイスラエルとパレスチナのどちらかが善で、どちらかが悪だと結論づけられたなら、それはあなたが何も知らない証拠だ。

私は、イスラエルとパレスチナが和平達成に近づき、（パレスチナ独立国家樹立を目指す）「二国家解決」が実現する可能性が高まった時代に現場にいて、多くを目撃した。その当時の外交官としての活動記録、回想録として本書をこの世に残したいと今痛切に思う。そうでなければ今の若い世代は、和平に向けた試行錯誤の時代や、「中東和平プロセス」があったことすら、知らないままでいるからだ。

イスラエルとパレスチナが和平に向かっていた時代に、双方の現場で私が得た希望と苦悩を読者とわかち合い、今回のハマスとイスラエルの戦争による恐怖と憎しみの連鎖はどうして生まれたのかを再考察したい。

恩讐を乗り越え和平に再び向かう時代がどうすれば今後訪れるようになるのか、パレスチナ問題の本質とは何かを考えていただく材料になればとの思いから、事態が日々悪化する中、とにかく書き始めた次第である。

この本を通じて、一人でも多くの日本人がパレスチナ問題を理解し、日本として、日本人としてこの問題の解決にどう貢献できるかを考えるきっかけになれば幸いである。

２０２３年12月8日

中川浩一

イスラエル全図

レバノン
ダマスカス
シリア
ハイファ
ゴラン高原
ヨルダン川西岸地区
（パレスチナ自治区）
テルアビブ
アンマン
ガザ地区
（パレスチナ自治区）
エルサレム
イスラエル
ヨルダン
エジプト

中東全体図

トルコ
シリア
レバノン
イスラエル
イラク
イラン
アフガニスタン
クウェート
バーレーン
ヨルダン
エジプト
サウジアラビア
カタール
アラブ首長国連邦
イエメン
オマーン

ガザ地図

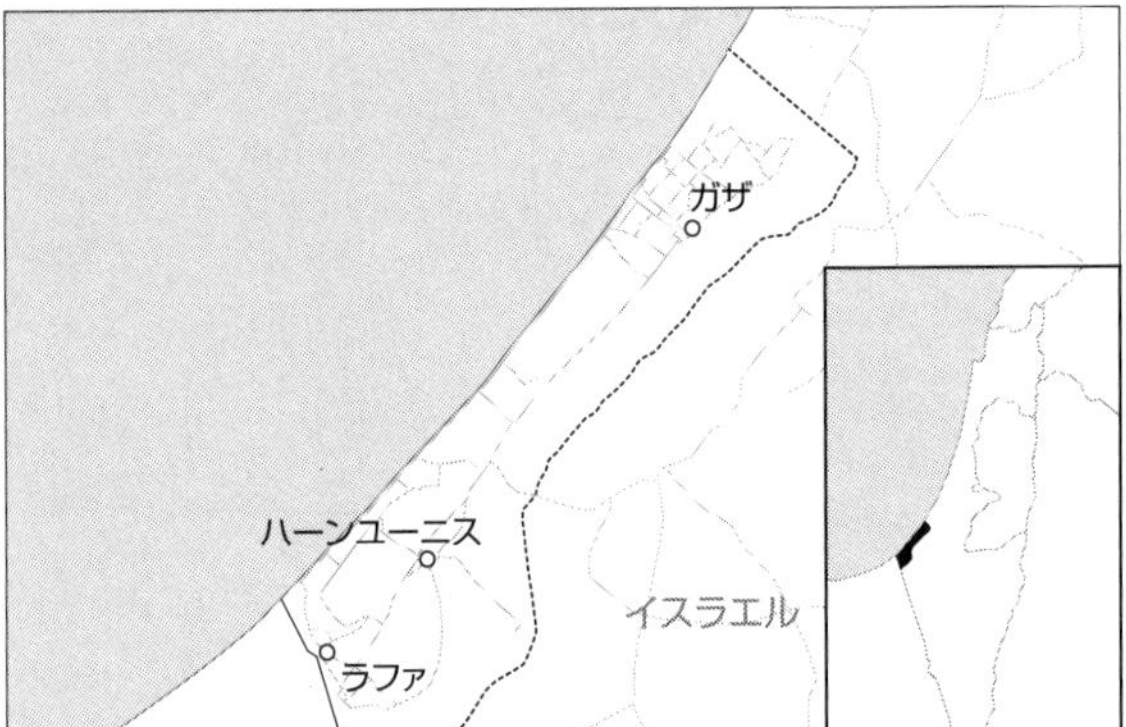
ガザ
ハーンユーニス
ラファ
イスラエル
エジプト

ガザ／目次

第4章 エルサレム・パレスチナ問題は永遠に解決できないのか 125

DTP・図版　美創

第1章 イスラエル人とハマス、憎悪と殺戮

カイロとテルアビブ——混沌と整然

「中川さんには、アラビア語をやってもらいますので、よろしくお願いします」。1993年10月、翌年（1994年）春から外務省に入省することが内定していた私に、外務省の人事課から一本の電話があった。

私は途方にくれた。外務省では入省する際に専門語学が割り当てられることになっており、第5希望まで書いて人事課に提出するのであるが、私はどこにもアラビア語とは書いていなかったからだ。これが、私の中東、アラビア語との衝撃的な出会いだった。

あとから振り返れば、内示の前月（9月）には、オスロ合意（イスラエルとパレスチナの和解）が調印されていた。そのときは、その後、これほど中東・アラブ世界、パレスチナ問題にどっぷり浸《つ》かるとは私は想像すらしていなかった。あれから30年が経った。

最初のエジプトでのアラビア語研修の３年間（１９９５年７月から１９９８年６月）がまず私の人生を変えた。その間にフィールドワークとして、パレスチナ問題に関心を持ち、１９９６年７月に初めて隣国イスラエル、パレスチナ自治区を訪問した。アラビア語の研修を受けると、当時アラブ諸国の敵であったイスラエルの悪口、批判が絶えず紙面に躍っていたので、知らず知らずのうちに、イスラエルへの嫌悪感を覚えつつあった私であったが、逆にそのようなイスラエルをぜひ訪問して、肌で感じてみたいとの思いも強くしていたのを記憶している。

赴任地であったカイロから、シナイ半島を横断し、エジプト国境のタバからいよいよイスラエルに入国する瞬間を迎えた。そこで私の目の前に現れたのは美しい花々と整然かつ清潔な検問所であった。

それまでのエジプト（典型的な発展途上国）での１年間の研修で、「混沌」とした土地に慣れていた私にとっては、日本人にとって当たり前であった「整然」という言葉を忘れかけていたが、イスラエルにはその当たり前があったのだ。

紅海沿いの保養地エイラットでは、エジプトでは御法度であるハイレグを着た女性が、エジプトにはないおしゃれなカフェで余暇を楽しんでいた。イスラエルに一歩入った瞬間、私にはそこが同じ中東ではなくヨーロッパであるかのように感じられた。

私はその後、エジプトのバスとは違い、きれいなエゲット・バスで地中海沿いの都市テルアビブに向かい、高層ビルが並ぶ大都市を目の当たりにした。私は、エジプト人から聞かされていたイスラエル像と、実際に見たイスラエルとのあまりの差に愕然《がくぜん》とした。

日本にいてはなかなか分からないが、イスラエルとイスラエルの周辺のアラブ諸国・地域（パレスチナ）が、このように経済面、テクノロジー面で大きな格差があるということを知るのは、中東問題の真の理解の上で大変重要である。

私はイスラエルのエルサレム・ヘブライ大学にあるサマーコースに参加し「イスラエルから見た中東和平」という講座を受けた。そこで私は、アラブの中東和平への見方と、イスラエルの中東和平への見方がこうも違うのかと激しいショックを受けた。

食い違うパレスチナとイスラエルの主張、憎しみの原点

私が日本で学び、エジプトでの研修1年目において、多数のエジプト人から教わったパレスチナ問題は以下のとおりだった。

・イスラエルは1948年（第一次中東戦争）、パレスチナ人の土地にユダヤ人国家として樹立され、パレスチナ人を追放した。その結果、多数のパレスチナ難民が発生した。

・イスラエルは、1967年戦争（第三次中東戦争）で、東エルサレム、ヨルダン川西岸、ガザを占領し、現在までその大部分を占領している。国連安保理決議第242号、第338号はイスラエルに全占領地からの撤退を要求している（後述46ページ）。

・エルサレムを首都とし、ヨルダン川西岸・ガザ全体からなるパレスチナ独立国家

が樹立され、パレスチナ難民が故郷に帰ることを保証する公正で永続的な和平が達成されなければならない。

・和平交渉はイスラエルによる遅延政策のため停滞している。

同じ問題を、ヘブライ大学で同講座を担当したイスラエル人主任教授は以下のように説明した。

・パレスチナ民族はそもそも存在しなかった。我々ユダヤ人が直面したホロコーストの悲劇にかんがみれば、パレスチナの土地にユダヤ人国家を樹立することは当然で不可避のことであった。イスラエル国家が樹立されて、初めてパレスチナに住むアラブ人たちは自らのアイデンティティを模索し始めた。イスラエル国家樹立にあたって我々は彼らを追放していない。彼らが自主的、あるいはアラブの指導者の指示に従って避難したのだ。イスラエルに難民発生の責任はない。

・１９６７年戦争の結果生じた東エルサレム、ヨルダン川西岸、ガザの占領はイスラエル国家の自衛のためのものであり、やむを得ないことであった。我々はユダヤ人の安全を守るための占領を悪とは考えていない。

・国連安保理決議第２４２号、第３３８号には全占領地からの撤退とは書かれていない。また、同決議は国家に適用されるのであり、国家を持たないパレスチナ人には適用されない。

・イスラエルの国土は矮小《わいしょう》であり、新たな国家の樹立を認めることは、イスラエルの安全保障にとって脅威であり認められない。

・アラブ人はうそつきであり、いったん譲歩すると果てしなく要求してくる。イスラエルが譲歩を重ねるだけの和平交渉を急ぐべきではない。

また、同講座では、ハマスによる「テロ」で子供を失ったイスラエル人の親による講演もあった。私は子供を失った親の悲しみに触れ、涙せずにはいられなかった。

洗脳の最前線、中東で生きるとは

アラブ世界においては、イスラエル人への「自爆テロ」は殉死（アラビア語でイジュティハードという）とされ、尊敬される。イスラエル人を殺害した人間は英雄なのである。しかし、現実には、普通の平和な暮らしを営んでいる一般のイスラエル人が日々アラブ人、パレスチナ人による「テロ」に怯《おび》えていることを、イスラエルでの生活を通じて私は実感した。

また、この研修中、ヨルダン川西岸のイスラエル人住宅地（入植地と呼ぶ）の中も見学したが、周辺のパレスチナ人村落のみすぼらしさとは対照的に、入植地の中は完全にヨーロッパ社会であり、一つの独立した生活圏になっていた。

エルサレム旧市街では、3宗教（イスラム教、ユダヤ教、キリスト教）の混在を目の当たりにし、ガザでは難民キャンプで直接難民の人々から、アラビア語で彼らの苦難の歴史を聞くこともできた。私もまだつたないながら懸命にアラビア語で話し、彼らの苦悩を彼らの言語で知ろうと努めた。

また、私には、当時エルサレムで見た超正統派のユダヤ人（夏でも黒い帽子に黒い服という装いで、もみあげを伸ばしていた）と彼らパレスチナ難民が、とても共存できるとは思えなかった。

1996年夏のヘブライ大学サマーコースへの参加は、私の人生にとって大きな分岐点となった。中東和平・パレスチナ問題の最前線であるイスラエル、ヨルダン川西岸、ガザを自分の目で見て、その課題であるエルサレム、難民、入植地に多少なりとも触れることができたからである。

解決の困難さを実感した私は、それ以降パレスチナ問題への関心を一層深め、イスラエルとパレスチナの間で見解が大きく異なる中で、一体どのラインで両者の折り合いがつくのか、この問題の解決が可能なのか、中立的な立場はどこにあるのかを見つけるため、この地で外交官として活動したいとの思いを強くしたのだった。

このように「中東」という地域は、ある種の洗脳合戦とも言える地だ。最初の中東との出会いがアラビア語とアラブ人であれば、あっという間に、アラブ人の言うことが正しい、すなわちイスラエルは敵だと洗脳されてしまうだろう。

逆に、イスラエルやアメリカで中東との出会いがあった場合は、その相手の多くはユダヤ人であろうから、ユダヤ人のホロコーストの歴史からイスラエル建国を正当化し、パレスチナ難民の発生はやむを得ないと見ることになろう。またアラブ人は信頼できないと洗脳されることになろう。

最初の出会いがイラン人なら、ペルシャ民族の偉大さ（アラブ民族の卑下）や、イスラエルの抹消の必要性について洗脳されよう。そしていったん洗脳されると、そもそも洗脳されたとも気づかずに、えらく感情的に「中東」を見てしまうことになる。それが「中東」の怖さでもあり、奥深さでもある。

幸い、私は、そのような問題に早めに気づくことができ、アラビスト（アラビア語専門家）外交官である自覚や責任感は十分有しつつも、イスラエルやその後のアメリカ勤務時代においては、できるだけ多くのユダヤ人やイラン人と話して、バランス感覚を身につけようと努めた。

天井のない監獄、ガザとは

ガザは、イスラエル、エジプト、地中海に挟まれた全長41キロ、幅10キロの領土だ。ガザの面積は、わずか365平方キロメートル（種子島より狭く、東京23区の約3分の2）であるが、そこに約230万人（1990年代は約100万人だったので倍増）のパレスチナ難民が、4つの地区、8つある難民キャンプの集落に分かれて住んでいる。このガザの難民キャンプは世界一の人口密集地域と言われている。ガザの上空と海岸線はイスラエルが完全に掌握しており、人と物の行き来もイスラエルが検問所で制限している。同様にエジプトも、ガザとの国境で出入りを管理している。

私は、ガザ日本政府代表事務所で勤務中の2000年夏に、精神的に非常に過酷な状況に置かれている難民キャンプの人々、特に子供たちに娯楽をと思い、日本映画祭の開催を企画した。

1996年7月、ガザのジャバリア難民キャンプで子供たちと。

当時も、ガザには映画館は一つもなかった。アラビア語の字幕付きの日本映画で、映画というものをほとんど知らない子供たちに受け入れられる作品を探すのは大変であったが、戦争の悲惨さをパレスチナの子供たちに分かってもらおうと「はだしのゲン」を選んだ。

舗装された道のない難民キャンプそれぞれに、上映するためのプロジェクターと自家発電機を運ぶのには苦労した。また難民キャンプでは頻繁に停電が発生するので、自家発電機は必需品だ。が、やはり途中で何度も停電になり、自家発電機による発電が遅れたときは、子供たちは映画が終わったと思ってあっという間に帰ってしまうこともあった。

それでもめげずにガザにある全8つの難民キャンプを回りきり、各キャンプの責任者の方から、「来年もぜひ日本映画祭をやってほしい」と言われたときは嬉しかった。

微力ながら草の根レベルで、日本とパレスチナの架け橋になれたと思えたからだ。

しかし、残念ながら、その年（２０００年）の9月末から第二次インティファーダが発生し、このような文化イベントの開催はできなくなった。

ガザは、２００７年以来、ハマスが支配しており、こうしたイベントを開催するのは困難な状況になっている。

ハマスの生みの親はイスラエル!?

ハマスとは、パレスチナ・ガザを実効支配する組織。軍事部門「アッザディーン・アル・カッサム旅団」を有し、10月7日の攻撃を主導。イスラエルの破壊と、その後のイスラム国家の樹立を、目標に掲げている。

１９８７年の第一次インティファーダ後に「ムスリム同胞団」最高指導者アハマド・ヤシーン氏によって設立されたが、一方で当初はイスラエルが、当時ガザを支配していた与党ファタハへの対抗軸として育てたとも言われた。その意味でハマスの生みの親はイスラエルであり、皮肉なものである。

私が、ガザに勤務していた1998年当時は、ファタハとハマスが政党として共存していたが、アラファト議長が亡くなった2004年以降は統治のバランスが崩れ、2006年に実施された選挙で、ガザではハマスが与党として民主的に選出された。

その後、2007年にハマスがガザを完全に掌握して以来、イスラエルと何度も交戦してきた（2008年、2014年、2020年、2021年）。

一方のイスラエルも、繰り返しハマスを空爆。2007年からは治安対策を理由に、ガザをエジプトと共同で完全封鎖している。

今回のハマスによるイスラエル攻撃の背景を、第2章を理解するために以下簡潔に説明する。

イスラエル独立――第一次中東戦争

第一次中東戦争は、1948年から1949年にかけて勃発した。別名「パレスチナ戦争」ともいい、イスラエル側は「独立戦争」、アラブ側は「（アラビア語で）ナクバ」（大惨事）と呼んでいる。

１９１４年から１９１８年に起こった第一次世界大戦中、イギリスはトルコへの攻撃を狙ってアラブ人に武装蜂起を呼びかけ、その対価として「フサイン・マクマホン協定」を結んでパレスチナの独立を約束する。またイギリスは莫大な戦費を必要としていたため、ユダヤ人の豪商たちに資金援助を求めていた。

その見返りとして、ユダヤ人による国家の建設を承認する「バルフォア宣言」を発出した。さらにフランスとロシアとともに中東地域の分割を協議し、「サイクス・ピコ協定」を締結していた。イギリスによるこの「三枚舌外交」が、中東地域の対立の大きな原因となった。

そして、１９４７年、アラブ人とユダヤ人がパレスチナを分割統治するという内容の「パレスチナ分割決議」（国連パレスチナ分割決議第１８１号）が国連で採択された。ここでは、パレスチナをアラブ人地域とユダヤ人地域に分割し、エルサレム周辺

1947年の国連分割決議案

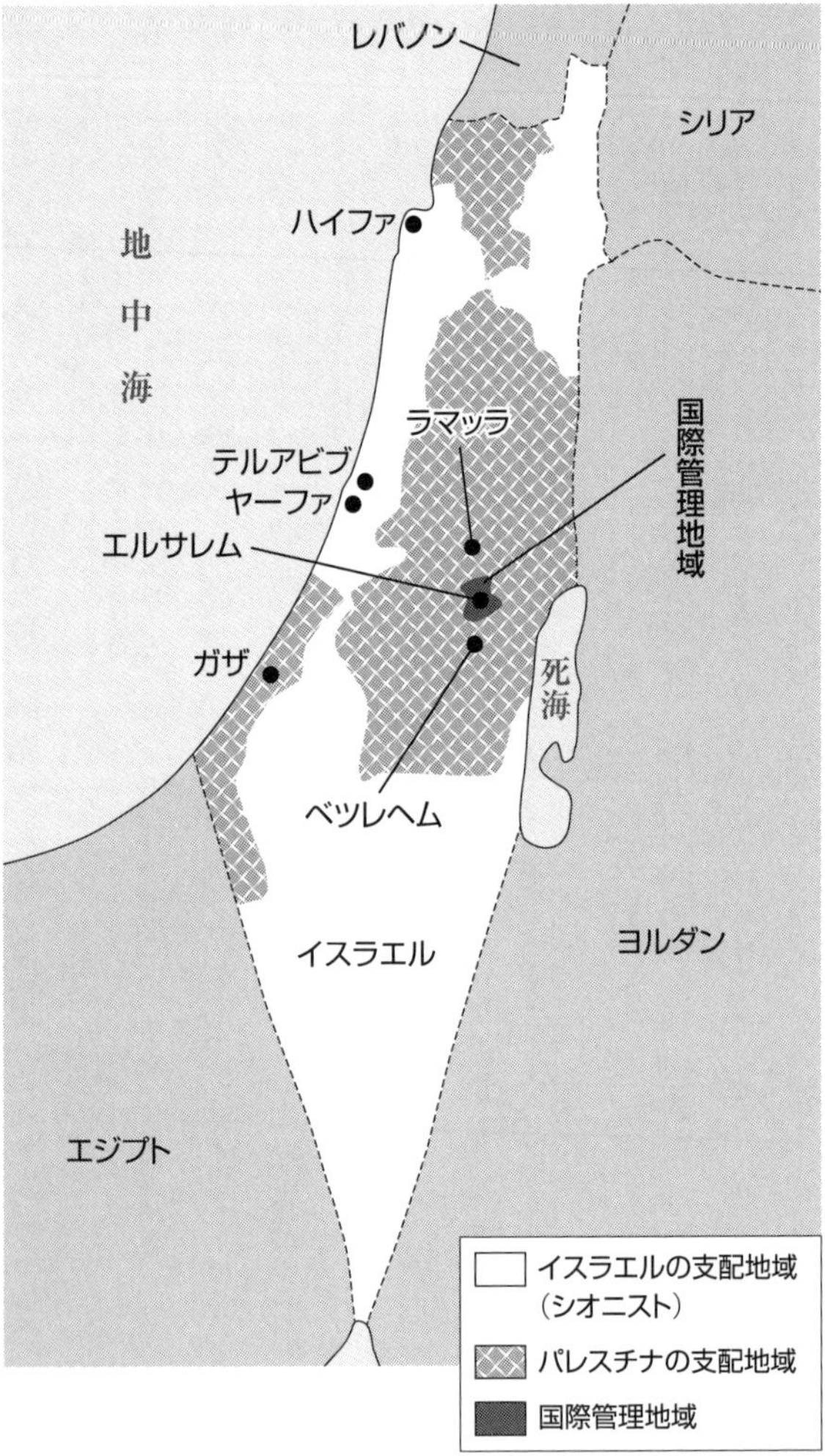

「第一次中東戦争」後のパレスチナ

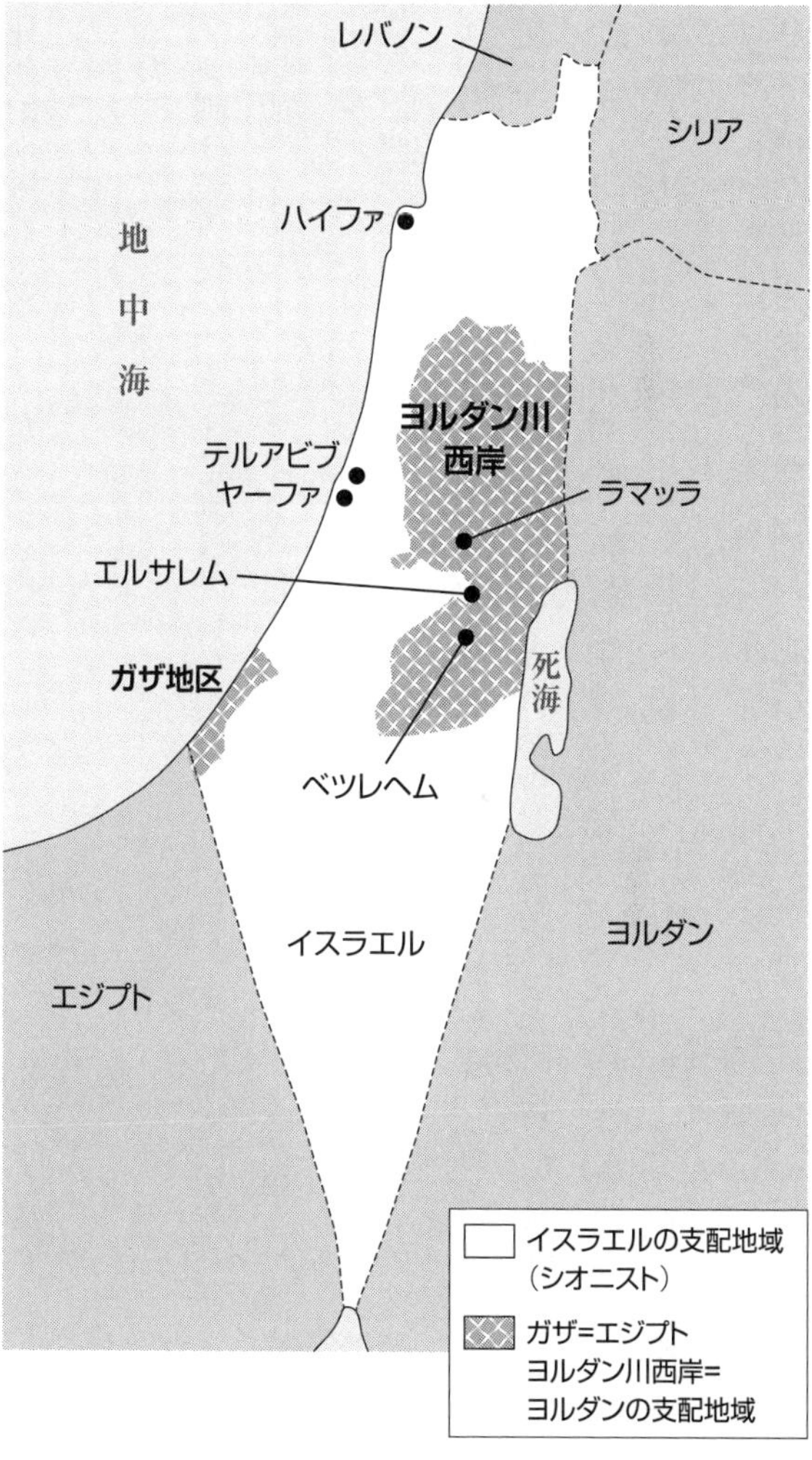

は国連統治地域にすることが決められた。しかしユダヤ人に３分の１以上の土地が与えられることになったため、アラブ人が反発し、決議翌日からパレスチナは内戦状態となった。

アラブ側は義勇兵を、ユダヤ側は民兵を相次いで動員し、一触即発状態となった。治安維持能力を失っていたイギリス軍は、この内戦を鎮圧することができず、１９４８年５月までにイギリスは同地域から撤退することを決定する。撤退当日にユダヤ国民評議会は独立を宣言。これに対して、レバノン、シリア、トランスヨルダン、イラク、エジプトのアラブ連盟５か国が宣戦布告し、第一次中東戦争が勃発した。

当初は、兵力差があったことからアラブ側の優勢で進んだが、国連が停戦を呼びかけている間にイスラエル側は乱立していた武装組織を一本化し、国防軍を編制した。休戦が明けると一気に反撃に出て、指揮系統が統一されていないアラブ側を撃破していった。

１９４９年７月に停戦協定が結ばれ、戦争は終了。イスラエルはパレスチナ地域の大部分を手に入れ、独立を確固たるものとした。

第二次中東戦争――スエズ運河の国有化

第二次中東戦争は、１９５６年から１９５７年まで、主にシナイ半島を舞台にし、エジプトと、イスラエル・イギリス・フランスがスエズ運河をめぐって戦ったもので、「スエズ戦争」「スエズ動乱」「スエズ危機」「シナイ作戦」とも呼ばれる。

きっかけは、１９５６年にエジプトのナセル大統領が、スエズ運河の国有化を宣言したことである。イギリスは運河の国際管理を回復させようと交渉を続けていたが、難航したため、イスラエルとフランスに呼びかけて軍事行動を模索した。１９５６年10月に、イスラエル国防軍がシナイ半島への侵攻を開始し、10月30日、イギリス政府によって両軍に対し撤退するよう勧告が出された。

エジプトがこの勧告を拒否したため、10月31日にイギリス・フランスの両軍が参戦。11月6日にシナイ半島への上陸作戦を始めた。しかし、アメリカのアイゼンハワー大統領が、ソ連のブルガーニン首相とともに、イギリス・フランス・イスラエル軍の即時全面撤退と停戦を通告したのに加え、国連でも、アメリカとソ連によって即時停戦を求める決議が採択された。

イギリス・フランス・イスラエルの３か国は決議を受け入れざるを得ず、停戦が実現。エジプトはスエズ運河を国有化することに成功した。この結果から第二次中東戦争は、軍事的にはイスラエル側、政治的にはエジプト側の勝利とされ、さらに国際社会におけるアメリカの発言権の大きさを印象づけることとなった。

２０２３年10月のハマスによるイスラエル攻撃で、イスラエルはガザのパレスチナ住民をシナイ半島に移動させることも考えているとも言われている。だがエジプト側がシナイ半島を手放すことはこの戦争の経緯からいっても困難であろうと思われる。

第三次中東戦争——パレスチナ解放機構（ＰＬＯ）の結成

１９６７年６月に発生した、イスラエルとエジプト・シリア・ヨルダンを中心としたアラブ諸国の間で起こった戦争を言う。６日間で終了したことから、イスラエル側は「六日戦争」、アラブ側は「（アラビア語で）ナクサ」（大敗北）と呼んだ。この戦争は、現在まで続くパレスチナ領土問題と密接に関係するため重要な意味を持つ。

第二次中東戦争以降、比較的安定していたイスラエルとアラブ諸国家の関係であったが、１９６４年に「パレスチナ解放機構（ＰＬＯ）」が結成されると、ゲリラ的な戦いが増加した。１９６６年に、シリアでクーデターが発生して親ＰＬＯ政権が樹立すると、ゴラン高原からイスラエル領内に砲撃を開始。イスラエルもこれに報復をするなど、小競り合いが生じた。この状況に目を付けたのが、中東において自身に有利な体制を構築しようとしていたソ連だった。

イスラエルもシリアも、武力衝突を本格的な戦争に発展させるつもりはなかったが、ソ連は情報機関「ＫＧＢ」を使って、イスラエルがシリアへの侵攻を準備しているという嘘の情報を流した。またエジプトに対しては、両国の開戦が間近であると伝えた。

ＫＧＢから情報を受けたシリアとエジプト、そしてエジプトと共同防衛条約を結ぶヨルダンの3か国は、国境沿いに軍を集結。イスラエルも、情報機関を使ってこれらの国の動きを摑《つか》み、アメリカに仲裁を依頼した。

しかしアメリカは1955年から続いていた「ベトナム戦争」のため、動けない。イスラエルを十分に支援することができなかった。

イスラエルは周囲をすべて敵に囲まれている状態のため、侵攻される前に先制攻撃を加えることを決意。1967年6月5日、エジプト、シリア、ヨルダン、イラクの領空を侵犯し、各国の基地に奇襲攻撃を加えたことで第三次中東戦争が始まった。

制空権を手にしたイスラエルは、その後すぐに地上軍を侵攻させる。ヨルダン領ヨルダン川西岸、エジプト領ガザ及びシナイ半島、シリア領ゴラン高原を占領することに成功した。6月10日には各国との間で停戦が実現し、わずか6日間でイスラエルの占領地域は戦前の4倍以上に拡大した。

この戦争は、パレスチナ問題の将来にとって大きな禍根を残すものとなった。その結果、国連安保理決議第242号が採択された。後にパレスチナ問題にとって極めて

「第三次中東戦争」後のパレスチナと周辺

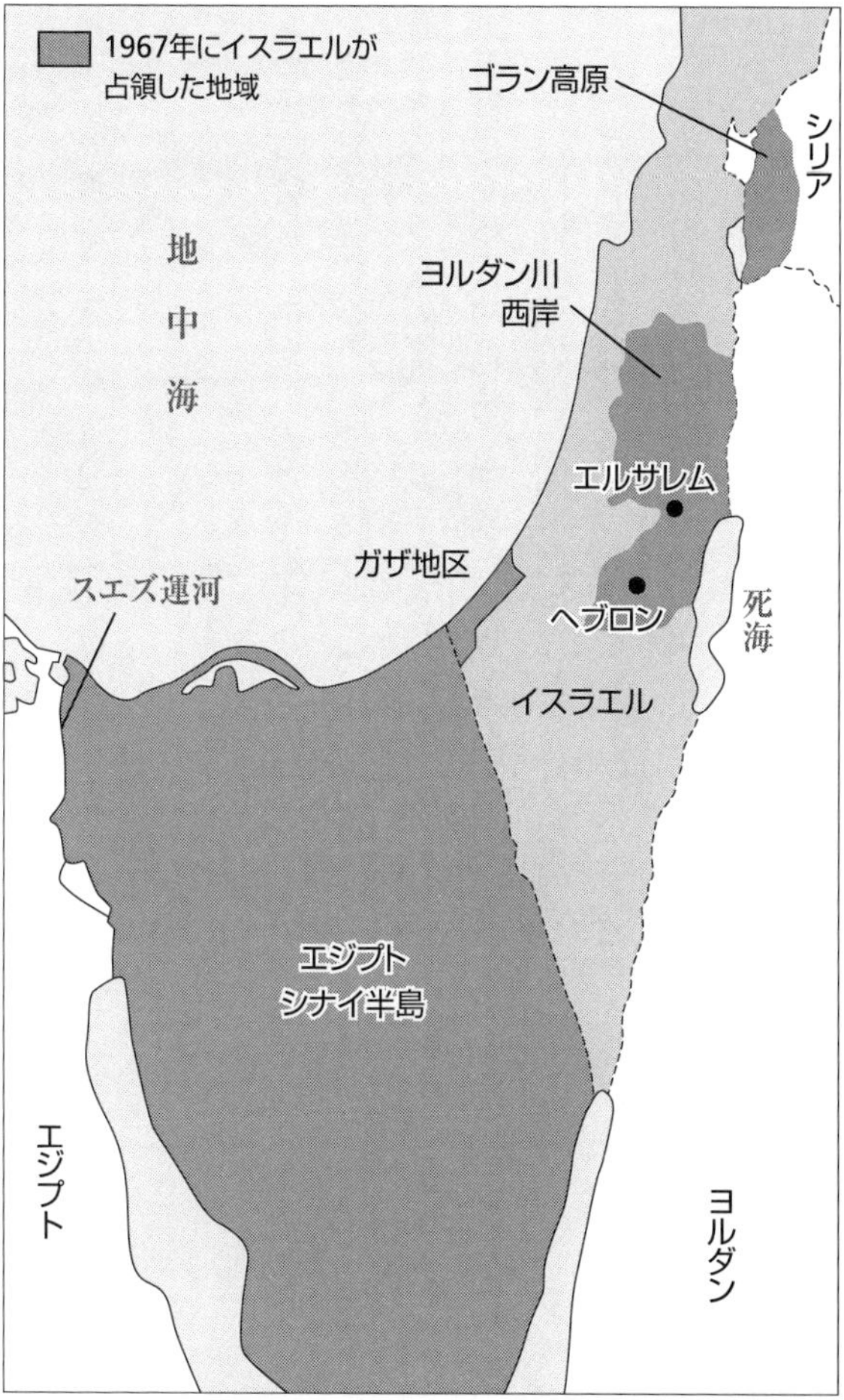

重要な決議となる。

ここに国連安保理決議第２４２号（１９６７年11月22日採択／抜粋・仮訳）を紹介しておこう。

安全保障理事会は、中東における重大な状況に関して継続的な関心を表明し、戦争によって領土を獲得することは承認しがたいこと、及びこの地域のいかなる国家も安全に存続できるような公正で永続する平和のために取り組む必要性を強調し、国連憲章の原則を達成するためには、中東における公正で永続する平和を確立することが必要であり、それには以下の諸原則が適用されなければならない。

（a）イスラエル軍が最近の戦闘によって占領した諸領域からの撤退

（b）この地域のあらゆる国家の主権、領土の保全と政治的独立性、武力による威嚇や武力行使を受けることなく安全に、かつ承認された国境内で平和に暮らす権利の尊重と承認

（c）難民問題の正当な解決
（d）非武装地帯の設定を含む諸手段による、この地域のあらゆる国家の領土の不可侵性と政治的独立の保障

第四次中東戦争——インティファーダの発生

1973年10月に発生した、イスラエルと、エジプトやシリアをはじめとするアラブ諸国間の戦いを言う。エジプトが第三次中東戦争で失った領地をめぐり、争われた。イスラエルでは、ユダヤ暦で最も神聖な日とされる「ヨム・キプール」に始まったことから「ヨム・キプール戦争」、アラブ諸国では10月に始まったことから「10月戦争」「ラマダン（断食月）戦争」とも呼ばれている。

1970年、エジプトの大統領を務めていたナセルが急死し、副大統領だったサダトが新たに大統領に就任した。サダトは、それまでの親ソ連だった外交方針を親米に転換。アメリカ仲介のもとでイスラエルと交渉をしようとするが、当時国務長官を務

めていたキッシンジャーから断られたため、これを受けサダト大統領は、戦争の準備を進めた。

この動きは、情報機関を通じてイスラエル側も把握していたが、第三次中東戦争で勝利を収めたイスラエルでは「不敗神話」が蔓延《まんえん》。その油断が、アラブ側の奇襲攻撃を許すことになってしまう。これが、今回（２０２３年10月）のハマスによる奇襲が第四次中東戦争の再来と言われるゆえんである。

１９７３年10月６日、エジプトは、第三次中東戦争でイスラエルに占領された領土の奪還を目指してシナイ半島で、シリアはゴラン高原のイスラエル国防軍に対して攻撃を開始した。その後イスラエル側にはアメリカが、アラブ側にはソ連が援助をして参戦。10月11日、イスラエルが部隊を再編制して反撃に出ると、戦況は徐々にイスラエル優位に傾いた。

エジプトが再び敗北することを危惧したアメリカとソ連が主導し、10月22日に国連安全保障理事会によって停戦を求める決議が提出された。

「アラブ石油輸出国機構（ＯＡＰＥＣ）」が親イスラエル国に対して石油の輸出を禁止する措置をとったため、「石油輸出国機構（ＯＰＥＣ）」が石油価格を引き上げ、第一次オイルショックを引き起こした。これは日本を含む世界各国にアラブショックとして大きな影響を与えた。また、国連安保理決議第３３８号が採択された。これもパレスチナ問題にとって大変重要な決議となった。

第四次中東戦争の停戦を促し、国連安保理決議第２４２号の履行を求めるため、１９７３年10月22日に国連安全保障理事会で採択された。第四次中東戦争の全交戦国が受諾した。

インティファーダとは「一斉蜂起」「民衆蜂起」を意味するアラビア語である。１９８２年にＰＬＯがイスラエルにより抑え込まれ、アラファト議長がチュニスに移った。その後１９８７年12月ごろから、イスラエルの占領地支配への抵抗のため、パレスチナ人が、大人も子供も、男性だけでなく女性も自然発生的に投石したり、タイヤを燃やしたりすることなどによって一斉に蜂起を開始した。

背景には、「ハマス」や「ジハード」と称するイスラム原理主義運動の活動家がいたと言われる。このインティファーダは、世界の世論をパレスチナ自治区に向かわせる上で大きな力となり、のちに詳しく説明するオスロ合意の背景となった。

その後、第二次インティファーダが２０００年９月に発生するが、今回のハマスによる攻撃が第三次インティファーダと呼ばれないのは、すでに「民衆蜂起」ではなく「武力攻撃」（日本も含む西側は「テロ」と非難）の色合いが強いからであろう。ただし、そこに一線を大きく超えたパレスチナ民衆の怒り、憎しみが込められていることは忘れてはならない。

パレスチナ問題を解決する「拠り所」とその背景――マドリード和平会議

１９９０年８月から１９９１年１月にかけての湾岸危機では、イラクが自身のクウェート占領を、イスラエルのパレスチナ占領という問題と結びつけ正当化しようとしたことから、パレスチナ問題の解決が中東の平和と安定のため不可欠であることを再度国際社会に認識させることとなった。

すなわち、イラクのフセイン大統領は、イラクが占領したクウェートからの撤退を求めるのであれば、パレスチナを占領しているイスラエルにも撤退するよう圧力をかけるべきという、いわゆる「パレスチナリンケージ論」を展開し、あたかもパレスチナ人のために、イラクはクウェートを占領したとの主張をした。これに対して、アメリカは、クウェートは解放するのに、パレスチナ問題は放置するとの印象を払拭《ふっしょく》するため、強力な働きかけを関係国に行った。

具体的には、１９９１年３月から10月にかけてベーカー米国務長官が中東諸国を８回にわたり訪問し、関係者との協議を通じ国連安保理決議第２４２号及び第３３８号、すなわち「領土と平和の交換」を基礎とする和平交渉のための枠組みを作り上げ、10月末のマドリードにおける中東和平会議に結実させた。

このマドリード和平会議は、アメリカ、ソ連（当時。後にロシアが継承）の共催の下、イスラエルとアラブ全紛争当事者（パレスチナ・ヨルダン合同代表団、レバノン、シリア）の直接対話を史上初めて実現したという意義を有する。同会議直後より同地において、イスラエルとアラブ各代表との直接交渉が開始された。二国間直接交渉の焦点は以下のとおりであった。

・イスラエルとパレスチナ・ヨルダン合同代表団との交渉においては、パレスチナ関係では、イスラエルの占領地入植問題、パレスチナ人の暫定自治の態様、ヨルダン川西岸・ガザの最終的地位、東エルサレムの帰属問題。ヨルダン関係では、ヨルダンとイスラエルの和平条約の締結。

・イスラエルとシリアの交渉においては、ゴラン高原の返還問題及び両国の和平条約の締結。

・レバノンとイスラエルの交渉では、レバノン南部からのイスラエル軍の撤退問題、両国の和平条約締結。

二国間交渉はマドリード以降はワシントンD.C.で開催されていたが、1991年12月の第2回交渉以降、1992年4月末の第5回交渉までは、国連安保理決議第242号及び第338号の解釈や代表団の構成（パレスチナ・ヨルダン合同代表団をパレスチナ、ヨルダン別々の交渉団とするか否かなど）をめぐり紛糾し、具体的進展は見られなかった。

しかし、同年6月イスラエルにおいて総選挙が行われ、和平の重要性を訴えた労働党を中心とするラビン政権が誕生し、同政権が、占領地への入植の部分停止、「領土と平和の交換」の原則への明確なコミットを行ったことから、交渉の進展に向けて弾みがついた。

イスラエルのラビン新政権の下で、同年8月末より9月末に行われた第6回交渉では、具体的な成果はなかったものの、交渉の雰囲気は積極的となり、シリアとイスラエルの交渉では初めて両者の間で文書が交わされるなど、実質的な討議が行われた。第7回交渉は10月下旬から1か月にわたり継続され、ヨルダンとイスラエルの交渉では、交渉議題案についての合意がなされた。

また、１９９２年1月末モスクワにおいて、二国間直接交渉を支援し、補完するため、「地域の諸問題に関する多国間協議」（中東和平多国間協議）が開催された。この協議は、地域に共通する諸問題を域外国も交えて話し合い、共に地域協力の方策を探ることを通じ、紛争当事国の信頼を醸成《じょうせい》することを目的に設置されたものである。

オスロ合意とガザ・ジェリコ合意

同協議には、マドリード和平会議への参加者に加え、湾岸協力会議（ＧＣＣ）諸国、マグレブ諸国（アルジェリア、チュニジア、モロッコ、リビア）、ＥＣ、日本、カナダ等の域外の関係国三十数か国が参加した。ただし、シリア、レバノンは二国間直接交渉において具体的進展のない段階で多国間協議を推進することは、イスラエルの求めるアラブ諸国との地域協力のみがなしくずし的に進展することになると主張し参加しなかった。

モスクワ会合においては、地域の安全保障及び軍備管理、地域経済開発、水資源、難民、環境の５つの作業部会とこれらの作業部会を監督する運営委員会が設立された。日本は、モスクワ会議を契機として初めて中東和平達成のための協議に直接参画することとし、環境部会の議長国となった。

このような作業部会の設置は、今回（２０２３年10月）のイスラエルによるガザ攻撃後の復興のあり方を考える上でも、ヒントとなるだろう。

マドリード和平会議後の交渉では、イスラエルとパレスチナの代表団との直接交渉は行われなかったが、ノルウェーにおける双方の秘密交渉の結果、パレスチナの自治に関し、イスラエルとパレスチナ解放機構（ＰＬＯ）との間で、１９９３年9月にノルウェー・オスロにおいて合意がなされた。一般的には、「パレスチナ暫定自治宣言」、または「オスロ合意」と呼ばれている。

先述の、マドリード和平会議以降、難航していた中東和平交渉は、ノルウェーのホルスト外相等の仲介による秘密交渉を経て合意に到達した。イスラエルとパレスチナ人は相互に承認し、ガザとヨルダン川西岸のジェリコで先行して自治を開始し、段階的に自治を拡大すること、ガザ・ヨルダン川西岸の最終的地位について先行自治から２年以内に交渉を開始し、５年以内に合意することを柱とした。

この合意に基づき、１９９４年５月、先行自治に関する「ガザ・ジェリコ合意」（カイロ合意）によって、ガザ、ジェリコの暫定自治が始まった。

翌１９９５年９月には自治を拡大するための「自治拡大協定」が調印され、１９９６年１月にはパレスチナ自治選挙が実施されて国会に相当するパレスチナ立法評議会（ＰＬＣ）が発足した。

次に、このオスロ合意を踏まえたパレスチナ問題の各論点を整理しておく。

エルサレムと入植地、そして難民

まず、エルサレムの帰属（首都承認）を巡る問題と、イスラエルによる占領地への入植問題は進展したのか。イスラエルは、１９８０年にエルサレムを自国の首都と法律で宣言したが、日本を含む多くの国はこれを認めず、大使館もテルアビブに置いている（私も、在イスラエル日本大使館勤務時は、テルアビブに在住）。

しかし２０１８年、アメリカのトランプ大統領は、アメリカ大使館をテルアビブからエルサレムに移転させた。エルサレム（東エルサレム）を将来樹立するパレスチナ国家の首都と位置付けているパレスチナ側は強く反発。

「入植」とは「開拓地や植民地に入って生活すること」である。

イスラエルが入植活動を始めたのは、１９６７年の第三次中東戦争以降。イスラエルのＮＧＯ「ピース・ナウ」によると、入植地に住み着いたユダヤ人は、オスロ合意が結ばれた１９９３年の時点は11万人であったが、２０１８年には、42万人とおよそ４倍に増えた。入植活動は国際法（ジュネーブ条約）違反であるが、アメリカ・トランプ政権はイスラエルの入植活動を容認した。

１９４８年、イスラエルの建国宣言を受けて第一次中東戦争が勃発した。２００以上の村が破壊され、70万人以上のパレスチナ人が故郷と家を失った。周辺諸国に逃れたパレスチナの人々は、以来「故郷への帰還」を切望しながら、70年以上にわたり難民として生活してきた。

当初70万人だった難民は、避難先で３世代目、４世代目となり、今や約６３０万人（２０２１年、ＵＮＲＷＡ：国連パレスチナ難民救済事業機関）に達して世界で最も大きな難民グループとなっている。

国連難民高等弁務官事務所（ＵＮＨＣＲ）が２０２３年に発表した世界の難民総数およそ３５３０万人に照らすと、実に約５人に１人がパレスチナ難民である。

一般的に世界の難民はＵＮＨＣＲの管理下にあるが、パレスチナ難民の発生はＵＮＨＣＲができるよりも前になるため、ＵＮＲＷＡの管理下に置かれている。また「国連難民条約」の適用も受けられないため「保護」されることが少なく、軍事的な脅威にもさらされやすいと言える。

国連総会は１９４８年に、難民問題の基礎となる国連総会決議第１９４号を可決した。しかしイスラエル側は社会的・政治的不安定を招くとして、一貫してこれを否認しており、これまでに故郷に戻れたパレスチナ難民はほとんどいない。

周辺国に逃れたパレスチナ難民の多くは、無国籍の状態で、難民キャンプで暮らしている。当初、一時的なものとして作られた簡易な難民キャンプの住まいは、無理な建て増しと老朽化で劣悪な環境になっている。また、人口密度が高く、電気や上下水道などのインフラも不十分である。

第2章

中東和平が最も実現に近づいたとき

もしイスラエル・ラビン首相の暗殺がなければ

私は、エジプトでの3年間のアラビア語研修を終えた後、希望がかない、1998年7月5日に、在イスラエル日本国大使館に着任した。そして同月23日には、パレスチナ支援の効率的実施、日本とパレスチナの関係強化のために、ガザに対パレスチナ日本政府代表事務所が開設され、私は、在イスラエル大使館の書記官であると同時に、先述のとおり、同事務所所属の外交官としても働くことになった。

結果的に、私は、2001年6月までの3年間、イスラエル、パレスチナで勤務することになったが、この3年間は、2000年7月に、当時のクリントン米大統領が、パレスチナ問題の解決のために2週間を費やしたキャンプ・デービッド・サミットを頂点として、イスラエルとパレスチナの和平交渉が最も動いた3年間であった。

最終的に、アラファトPLO議長は、パレスチナ国家の首都が、イスラム、アラブ、パレスチナの聖地であるエルサレムではなかったとして、クリントン大統領の仲介提

オスロ合意。クリントン米大統領の仲介で、イスラエル・ラビン首相とPLOアラファト議長が和解の席上へ。

案を拒否した。それと同時に、第二次インティファーダの発生により、和平交渉が瓦解《がかい》していく瞬間を目の当たりにした時期でもあった。

以下、パレスチナ問題を理解するためのすべての要素（最頂期とそれが崩れゆく瞬間）が詰まった当時の現場報告を行いながら、2014年以降途絶え、今回（2023年10月）のハマスによるイスラエル攻撃で、さらに遠のいたイスラエル・パレスチナ間の交渉再開に向けた教訓を探り、解説していく。

1948年のイスラエル建国以降、イスラエルとアラブ諸国は4度の戦火を交えたが、パレ

イツハク・ラビン（1922年～1995年［暗殺］）
イスラエル元首相

スチナの当事者の代表がパレスチナ解放機構（ＰＬＯ）のアラファト議長であった。その両者が、相互を承認し、和解したのが１９９３年９月13日のオスロ合意である。

５年間かけてパレスチナ独立国家の誕生を目指し、その国家のあり方について「交渉」していくというのが、この合意の核心であった。当初は順調にスケジュールどおりに進んだかに思えたが、流れを変えたのは、１９９５年11月４日のラビン首相の暗殺だった。

歴史に「たら」「れば」は禁物であるが、イスラエル右派にも左派にも影響力があったラビン首相が生きていれば、今ごろパレスチナ独立国家が樹立されていたかもしれない。しかし、歴史は皮肉であり、あるいは必然だったかもしれない。今回（２０２３年10月）のハマスの攻撃に見られるように、イスラエルにとってもパレスチナにとっても、パレスチナ問題は「ゼロサムゲーム」であり、一切の妥協の余地はないからだ。

そしてラビン首相の暗殺の結果、翌1996年5月に行われたイスラエル総選挙で、右派のネタニヤフ・リクード党党首が、僅差でペレス労働党党首に勝利し、首相に選出された。

1996年2月、3月にハマスによる連続テロ事件を受け、「治安を伴った和平」をスローガンに掲げた強硬派のリクード党が勝利したのだ。これはイスラエル内政の常であり、テロが発生すると、一気にパレスチナとの和平ムードはしぼんでいくのだ。

そしてネタニヤフ政権誕生後、オスロ合意は、イスラエル国内の治安優先のため遅々として進まなくなり、和平交渉は停滞した。

2023年11月現在、そのネタニヤフ氏が三たび、首相を務めていることも歴史の必然なのだろうか。

右派ネタニヤフ首相の登場

当事、ネタニヤフ首相は、就任後直《ただ》ちに穏健派の労働党政権時代に凍結されていた入植地の建設に着工、１９９７年３月には、東エルサレムのハル・ホマ（アラブ名ジャバル・アブ・グネイム）にも入植地を拡大しようとした。

それでもオスロ合意の一連の流れを完全に無視することはできず、１９９８年10月にはワイ・リバー覚書が調印された。ワイ・リバー覚書は、オスロ合意Ⅱ（１９９４年５月４日に調印されたオスロ合意の実施のための協定）で承認されたイスラエル軍のヨルダン川西岸におけるさらなる再展開の範囲（第一次及び第二次）をわずか13％に限定し（そのうち３％は自然保護区）、第三次再展開については、両者間の協議委員会の設置のみが合意されるというものである。

暫定期間の５年間で、最終的地位交渉で扱われるエルサレム、入植地を除いたすべての地域（ヨルダン川西岸の90％にあたるとパレスチナ側は主張）の獲得を目指すパレスチナ側の期待を大きく裏切る結果となった。

最終的地位交渉（エルサレム、難民、入植地、水問題等が議題）が開始されていなかったこの時期の主要な争点は、イスラエル軍がヨルダン川西岸から何％撤退するかという点のみであり、和平進展をなんとかして遅延させたいネタニヤフ首相は極力、撤退の範囲を少なくしようと試みた。

パレスチナ要人は私に「本来ならば、最終的地位交渉が大詰めを迎えていなければならないこの時期に、ヨルダン川西岸のわずか13％の中身について、これほど時間を費やしている場合ではない」とよく嘆いていた。

ベンヤミン・ネタニヤフ（1949年～）
イスラエル首相

１９９３年のオスロ合意、その後の実施協定（オスロ合意Ⅱ）によれば、１９９６年５月４日には最終的地位交渉が開始されているはずであったが、ネタニヤフ首相は、和平交渉の急速な進展には消極的であり、同交渉の開始は受け入れなかった。

当時、パレスチナ要人は、このネタニヤフ首相の態度に憤り、（オスロ合意Ⅱにより、最終的地位を決定する期限とされた）１９９９年５月４日には、最終的地位交渉の結果とは無関係にパレスチナ独立国家を樹立すると息巻いていた。

また、あるＰＬＯ執行委員会委員は、「１９９９年５月４日にはパレスチナ独立国家を樹立する。これまで自らの土地とアイデンティティを一度も持ったことのないパレスチナ人にとって、これからの運命を賭けた挑戦である」と私に述べた。また、別のＰＬＯ執行委員会委員は、「我々は、１９９９年５月４日にパレスチナ国家を樹立する。パレスチナ人は自らの歴史において膨大な対価を払ってきたからである」と述べた。

クリントン米大統領のガザ訪問

そのような中、１９９８年12月、クリントン大統領が歴代の米大統領として初めてガザを訪問した。その後、２０２３年11月現在まで、アメリカの大統領がガザを訪問したことはない。それだけ画期的で歴史的な訪問だったと言える。当事、アメリカがパレスチナ問題の解決に本気であった証《あかし》とも言えよう。

１９９８年10月に完成したばかりのガザ国際空港にクリントン大統領はヘリコプターで降り立った。そしてガザ市の中心部にあるパレスチナ最大の収容施設シャワ文化センターで、クリントン大統領はパレスチナ民衆を前に「あなた方には、自らの土地で、自らの運命を決定する自由がある」と述べ、パレスチナ人の民族自決権を実質的に認めたのである。

私は、クリントン大統領のガザ訪問をフォローするため、その前日からガザに入っていたが、至る所にアメリカの国旗が掲げられ、歓迎ムードが漂っていた。残念ながら、その後の米大統領のパレスチナ問題への無関心もあり、現在、パレスチナ人が米大統領を歓迎する姿は想像すらできない状況になっている。また、そのガザは、２００７年以降現在まで、ハマスの支配下に置かれてしまった。

この訪問は、強硬派のネタニヤフ政権下において、さらには米民主党政権下において、米・パレスチナ関係が強化された象徴的な出来事であった。

時計の針を先述のワイ・リバー覚書まで戻すと、その後、イスラエル国会が解散され、1999年5月17日に総選挙が行われることになった。そしてワイ・リバー覚書は事実上棚上げとなり、結局先述の13％の再展開はそのうちごく一部がヨルダン川西岸北部のジェニン付近で行われたにすぎなかった。

パレスチナ側は、なぜ和平交渉全体が、イスラエルの国内事情によって影響を受けなければならないのかと憤慨していた。そうでなくても和平交渉は、オスロ合意Ⅱで定められたスケジュールより大幅に遅れていたからだ。この時点で、1999年5月4日の最終的地位交渉期限まで残された時間はあと4か月。日本を含めた国際社会は、パレスチナ側が一方的に国家樹立宣言を行った場合の対応などについて、真剣に検討を始めた。

このような中、1999年3月3日、町村信孝外務政務次官（当時）がパレスチナ

1999年3月、ガザのアラファト議長府での町村外務政務次官と、アラファト議長の通訳をする著者（写真左）。

自治区を訪問し、アラファト議長と会談した。

日本のメッセージは、「一方的な国家樹立宣言は、我が国が支持する和平交渉の進展に資さない。次のイスラエル総選挙で現職のネタニヤフ首相を助けることになる。ここで宣言を我慢して労働党のバラック党首が首相として登場すれば、和平が進展し、パレスチナの利益になる」というものであった。

しかし、これに対するパレスチナ要人たちの反応はかつてないほど激しかった。彼らは、「日本はパレスチナ側ばかりに、一方的行為である国家樹立宣言を控えるように言うが、イスラエルも入植地の拡大という一方的行為を進めていたではないか」と詰め寄った。

私は、このとき、アラビア語の通訳を務めていたので、パレスチナ側の怒りをひしひしと感じ、いら立ちが手に取るように分かった。私は、日ごろからパレスチナ人と意見交換していたが、パレスチナ側がここまでの怒りを日本側に示すのは異例だった。５月４日を控えた、パレスチナ側にとって極めてデリケートな時期に、日本は一方的な国家樹立宣言を控えるよう申し入れたのだから、パレスチナ側の反応は至極当然とも言えた。

そもそもオスロ合意には、５年間の交渉期限が終了した後は、パレスチナ側に国家を樹立する権利があるとは明記されておらず、パレスチナ側に法的根拠はなかったが心情的には理解できるところだった。

和平が進展しないのは、それまでのネタニヤフ政権のやる気のなさがすべての原因にもかかわらず、なぜパレスチナ側だけが、そのつけを払わなければならないのか、和平交渉が停滞している間でも、イスラエル側は入植地拡大を続け、ますます既成事実を作り出しているではないか、国際社会はどうして右事実に目をつぶるのか、と和平進展のために何も支援してくれないことへの不満がこのとき最高潮に達していた。

パレスチナの一方的国家樹立宣言

１９９９年５月４日の最終的地位交渉期限を前にした４月27日から29日にかけて、パレスチナ中央評議会（ＰＣＣ：１２９名からなるＰＬＯの意思決定機関。18名からなるＰＬＯ執行委員会と約７００名からなるパレスチナ民族評議会〈ＰＮＣ〉の中間に位置する）が開催された。

私は、この３日間、毎日、会議場であるガザのアラファト議長府に赴《おもむ》き、どのような決定が下されるか懸命に情報収集していた。３日目の午前中の会議の終了後、急に声明文が読み上げられるとの情報が流れ、私は世界各国から集まった多数のジャーナリストや外交官とともにあわただしく会場に入り、決定が下される瞬間をかたずをのんで待った。

ザーヌーンPNC議長が現れ、声明文を読み上げた。私は同議長のアラビア語に全神経を集中させ、必死にメモを取ったが、最後まで「国家樹立宣言を延期する」という表現は出てこなかった。

しかし、同時に、「国家樹立宣言を行う」との表現もなく、結局、5月4日の一方的な国家樹立宣言は実質的に延期されるとの決定であることが明らかになった。我が国をはじめとする国際社会は、ひとまず危機を乗り切ったとして、パレスチナ側の勇気ある決定を一様に歓迎した。あとは、5月17日のイスラエル総選挙の結果を待つばかりとなった。

そして、イスラエル国民は、和平交渉の停滞に反対して、バラック労働党党首を首相に選んだ。

その日、テルアビブは和平達成への希望で満ちあふれていた（私は当時テルアビブに住んでいた）。私自身も、いよいよ和平交渉が進展し、パレスチナ独立国家樹立が現実のものになるという期待感でいっぱいだった。

エフード・バラック（1942年～）
イスラエル元首相

パレスチナ側要人は、バラック首相の勝利を表向きは歓迎した。バラック首相の登場のために、わざわざ5月4日の国家樹立宣言を控えたからである。

しかし実際は、バラック首相は就任演説で、エルサレムの不分割等、4つのノーを表明したこと、バラック首相がそもそもオスロ合意に反対していたことなどから、パレスチナ側には、バラック首相が今後実際にどのような政策をとるかが重要であるとの冷静な見方が支配的であった。ところがバラック首相のやる気は本物であった。あれほどネタニヤフ政権時代には停滞していた中東和平プロセスはモメンタム（勢い）を取り戻した。

１９９９年９月４日には、パレスチナ側の交渉団長エラカート・パレスチナ自治政府（ＰＡ）地方自治庁長官（２０２０年11月、新型コロナウイルス感染症で逝去）とバラック首相の信頼の厚いシェル弁護士とのぎりぎりの交渉の末、エジプト・シナイ半島の保養地シャルム・エル・シェイクで、先述のワイ・リバー覚書の実施の具体的なスケジュールと最終的地位交渉を1年以内に達成すること等を盛り込んだ合意、シャルム・エル・シェイク合意（以下シャルム合意）が調印された。

このシャルム合意により、最終的地位交渉が再開され（１９９６年5月に一度だけ交渉が行われたがすぐに頓挫《とんざ》した）、１９９９年9月13日から5か月後の２０００年2月13日までに最終的地位に関する枠組み合意（framework agreement）を、1年後の２０００年9月13日までに最終合意（final agreement）を達成することが決定された。

また暫定合意事項に関しては、ワイ・リバー覚書で定められたヨルダン川西岸からの再展開（第一次、第二次）の未実施の部分を3段階（１９９９年9月5日、11月15日、２０００年1月20日）に分けて実施することのほかに、パレスチナ人拘禁者の釈放やヨルダン川西岸・ガザ間の2本の安全通行路（南側、北側）開通のスケジュール等も決定された。

バラック首相は、この暫定合意事項に関しては、スケジュールどおりとはいかなかったものの、最終的には実施し（再展開の第2段階の実施は２０００年1月5日に、第3段階の実施は3月21日にずれこんだ）、実施をひたすら先延ばしにしたネタニヤフ政権との違いをパレスチナ側に印象づけ、前政権で失われたイスラエル・パレスチナ相互の信頼感も少しずつながら醸成《じょうせい》され始めた。

バラック・アラファト首脳会談

最終的地位交渉に関しては、シャルム合意どおり、１９９９年9月13日にガザとイスラエルの境界にあるエレツ検問所（今回ハマスはこの検問所も簡単に突破した）で、パレスチナ側アッバースＰＬＯ執行委員会事務局長（後の大統領）とイスラエル側レヴィ外相との間でオープニングセレモニーが行われた。そしてパレスチナ側の最終的地位交渉の交渉団長に、アラファトＰＬＯ議長は、アブド・ラッボＰＡ情報・文化庁長官を任命したが、この任命はパレスチナ知識層の中では若干の驚きをもって受け止められた。

たしかに、アブド・ラッボ長官はＰＬＯの最古参幹部の一人でアラファト議長の信頼も厚いが、ＰＬＯ主流派のファタハに属しておらず（同長官はＦＩＤＡ党首）、また、それまで対イスラエル交渉に参加したことはなかったからだ。

当時、パレスチナ知識層では、アブド・ラッボ長官の任命を、アラファト議長が、イスラエルとの交渉で出方を探るために担ぎ上げたものとする見方が支配的であった。その後の最終的地位交渉においては、予想どおりお互いの主張を繰り返すのみで、何ら進展が見られなかった。

最終的地位交渉で扱うエルサレム、難民、入植地、水、境界線の問題は、１９９３年のオスロ合意では、解決が困難であるとして先送りされたものだ。オスロ合意以降、紆余曲折を経ながらも、少しずつ和平交渉が前進してきたのは、裏を返せば、真に困難な問題を先送りしてきたからに他ならない。ここにきて、イスラエル・パレスチナ双方は、オスロ合意後の交渉プロセスの構造的な問題に直面せざるを得なくなったのだ。

シャルム合意では、２０００年２月13日までに、最終的地位に関する枠組み合意を達成することになっていたが、右期限はあえなく破られた。

最終的地位交渉が一向に進展しない状況に焦燥感を募《つの》らせるバラック首相、アラファト議長は、事態打開のため、２０００年３月７日、８日に連続して首脳会談を行い、枠組み合意の達成期限を新たに同年５月に設定するとともに、同年９月13日が交渉の最終期限であることを再確認した。

その後、３月21日から29日、４月６日から15日にかけてワシントンD.C.郊外で、枠組み合意達成に向けた交渉が、暫定段階で残された交渉と並んで集中的に行われた。枠組み合意に向けた交渉は、アブド・ラッボ長官、暫定事項に関する交渉はエラカート長官が代表に任命された。さらに、４月30日からイスラエルの紅海に面した保養地エイラットでも、集中的な交渉が行われたが、実質的な進展はなかった。

そのころ、バラック・アラファト両首脳は、目立った進展のない表の交渉を見限り、バック・チャンネルでの解決を模索していた。5月15日には、ストックホルムでイスラエル・パレスチナ間の秘密交渉が行われていたことが発覚した。

秘密交渉には、パレスチナ側からオスロ合意の立役者であるアブ・アラ・パレスチナ立法評議会（ＰＬＣ）議長が、イスラエル側からはベン・アミ氏が参加していた。そして右秘密交渉の存在を知ったアブド・ラッボ長官は、最終的地位交渉の責任者から退く意向を表明した。

これ以降、枠組み合意達成に向けた交渉は、アブ・アラ氏とベン・アミ氏の間で行われるようになった。

中東和平プロセスの剣が峰

当時、パレスチナ社会では、アラファト議長が、オスロ合意達成を導いたアブ・アラ氏に自らの右腕として秘密交渉を託したことで、アラファト議長がいよいよ合意達成に本腰を入れ始めたとの見方が広がっていた。

しかし、そのアブ・アラ氏もエルサレム問題や難民問題で持ち味である柔軟性を簡単に発揮することはできなかった。すなわち、パレスチナ側にはエルサレム問題に関しては、「国連安保理決議第242号に従い、イスラエルは1967年戦争（第三次中東戦争）で占領した東エルサレム全体から直ちに撤退しなければならない。東エルサレム全体は、パレスチナ独立国家の首都である」、難民問題に関しては「国連総会決議第194号に従い、パレスチナ難民は故郷に帰還することができる」とのレッドラインが存在した。

このパレスチナ側のレッドラインは、イスラエル側のレッドライン、すなわち「統一されたエルサレムは、イスラエルの恒久的な首都である」「パレスチナ難民にイスラエル国内（故郷）に帰還する権利はない」と真っ向から対立した。6月に入っても枠組み合意達成に向けた交渉努力は継続されたが、本質的な進展はなかった。

最終合意達成の期限まであと約3か月に迫っても、いまだに枠組み合意すら成し遂げられていない状況に、パレスチナ問題の解決を最大の外交課題に掲げるクリントン米大統領、米政権は危機感を抱き、6月27日にはオルブライト国務長官が、クリントン・バラック・アラファト3者会談開催で一気に進展を図るべく、その準備のために中東を訪問し、バラック首相、アラファト議長それぞれと会談した。

当時、パレスチナとの交渉妥結を公約に掲げながら就任1年間で目立った成果をあげられなかったバラック首相、合意達成を自らの功績にしたいクリントン大統領は、お互い思惑《おもわく》が一致したこともあり、なんとか3者会談を実現して、合意達成にこぎつけたいとの思いを強くしていた。

一方、アラファト議長、パレスチナ側は、最終的地位交渉における各議題のイスラエル・パレスチナ間の立場の差は埋めようのないほど大きく、具体的な成果が期待できない状況で3者会談を行っても無意味だとの確固たる立場をとっていた。

7月2日、3日に開催されたパレスチナ中央評議会（ＰＣＣ）では、交渉期限の切れる9月13日までに合意が達成されない場合には、今度こそ一方的にでも国家樹立宣言を行うべきとの決議が、ほぼ満場一致で採択された。右決議により危機感を募らせたクリントン大統領は、7月5日、キャンプ・デービッドで7月11日より3者会談を開催する旨を発表した。

当初、3者サミットに消極的であったパレスチナ側も、最後にはクリントン大統領の和平達成に向けた執念にも近い熱意と、クリントン大統領ならイスラエル側にも圧力をかけ、自分たちの希望するラインで交渉をまとめてくれるという期待感（後にそれは裏切られることになるが）から参加を決定した。

たしかに、直近の交渉では、イスラエルはヨルダン川西岸の約90％から撤退するとの打診をパレスチナ側に行っており、パレスチナ領土問題については、ずいぶん進展が見られていたが、最終的地位交渉の核となるエルサレム問題、難民問題では両者の大きすぎる溝が狭まる気配すら見せていなかった。

私は、それにもかかわらず、クリントン大統領が勝負に出たのは、それなりの勝算があるからに違いない、バック・チャンネルではすでに決着がついているのかもしれない、もしかしたら3者会談で、枠組み合意、最終合意が達成され、東エルサレムを首都とするパレスチナ国家が樹立されるかもしれないとの期待感を抱いて状況を見守っていた。

そうなれば、直ちに東エルサレムで日本の在パレスチナ大使館設置のための物件を探す必要も出てくると、若き外交官として一人で気持ちを先ばしらせていたのを今でも鮮明に覚えている。他方で、アラファト議長が、アメリカ、イスラエルからの激しい圧力に屈し、パレスチナ人にとって屈辱的な合意に調印するのではないかとの不安感もあった。

いずれにしろ、歴代の米大統領の中でも最もパレスチナ問題に関心を有する（これはその後2023年11月現在までを通じても言える）クリントン大統領が勝負を賭けたサミットで合意が達成されなければ、他に合意達成を実現する機会がないことは明らかであった。パレスチナ問題の解決に向けて、天下分け目の大一番を迎えた。

キャンプ・デービッド・サミットに見えた希望

２０００年7月11日から始まったキャンプ・デービッド・サミットには、イスラエル・パレスチナ双方から大代表団が送り込まれた。

パレスチナ側からは、アラファト議長はじめ、アラファト議長の側近であるアッバースＰＬＯ執行委員会事務局長（現在の大統領）、アブ・アラＰＬＣ議長に加え、エラカート地方自治庁長官、シャアス計画・国際協力庁長官等が参加した。アメリカで行われた同サミットでは、厳しい情報統制がしかれたため、日々の交渉の内容はパレスチナの現地には正確に伝わってこなかったが、それでも『パレスチナ』紙は連日、「交渉が進展した」「エルサレム問題で頓挫《とんざ》した」など、一喜一憂の見出しをつけていた。

マフムード・アッバース（1935年～）
パレスチナ自治政府大統領

サミットは当初の予想を大きく上回り、15日問継続したが、結局合意に達することはできなかった。7月25日に、ニュースでサミットが失敗に終わったことを知ったとき、私は先述のような大きすぎる両者の溝を埋めることはやはり無理であったかと落胆すると同時に、米大統領がここまで頑張っても達成できないパレスチナ問題の解決の困難さを改めて痛感した。

また、アラファト議長にとって、東エルサレムが首都とならないようなパレスチナ国家は全く無意味であることを強く認識させられた。

それまでの私は、心のどこかで、エルサレム問題よりパレスチナ国家樹立の方が、アラファト議長にとって重要なのではないかと勝手に考えていたが、サミットでのアラファト議長のエルサレム問題に対する確固たる姿勢を見て、自身の認識の甘さを大いに恥じた。同サミットでは合意達成を実現できなかったという意味においては、たしかに失敗だったかもしれないが、それまでまともな議論にもならなかったエルサレム問題について、史上初めて突っ込んだ交渉が行われたことは大きな成果であった。

同サミット終了後のイスラエル・パレスチナ両高官も、このサミットを失敗とはとらえていなかった。むしろ今後の交渉の大きな礎石になると考えていた。この点、クリントン大統領は、サミットで合意が達成できなかった原因を、最後の段階で勇気ある決断を下せなかったアラファト議長にあるとし、先述の自らのレッドラインを超えたバラック首相の決断を大いに称賛した。

しかし、アメリカ、イスラエルが出してきたエルサレム問題の解決案は、たしかにイスラエルのレッドラインを超えるものではあったが、パレスチナ側の受け入れ可能なラインには遠く及ばないものであった。後に判明したクリントン大統領の提示案は次のとおりであった。

・エルサレム旧市街の神殿の丘（黄金のドーム、アル・アクサ・モスク、嘆きの壁）については、イスラエル側が潜在主権（residual sovereignty）を有する代わりに、パレスチナ側には宗教的守護者としての主権（custodial sovereignty）を与える。

・旧市街のイスラム、キリスト教地区について、パレスチナ側が主権を得ることを望む場合は、旧市街の外側の東エルサレムに関しては行政権のみで主権は得られない。他方、旧市街のイスラム、キリスト教地区について、パレスチナ側が主権でなく、行政権でよしとするなら、旧市街の外側の東エルサレムに関しては、パレスチナ側に限定的な主権を与える。

要するに、この案は、最も核心である旧市街の神殿の丘（ユダヤ人地区）については、イスラエル・パレスチナ双方の主権が及ぶのに加え、パレスチナ側が欲する旧市街のイスラム、キリスト教地区と、旧市街の東エルサレムについては、二者択一せよというものだった。

国連安保理決議第２４２号に基づき、東エルサレム全体（旧市街は東エルサレム）がパレスチナの主権下に置かれるべしとの、パレスチナ側のレッドラインの半分にも満たない。逆に言えば、イスラエル側にとっては、自らのレッドラインより半分程度譲ったことになる。

いずれにせよ、仮にこのラインで妥協していれば、パレスチナ民衆は激怒し、アラファト議長は政治生命を失っていたかもしれない。また、アラブ、イスラム諸国からもエルサレムを売ったとして、激しい非難にさらされていただろう。

兎《と》にも角にもアラファト議長は妥協しなかった。サミットを終え、ガザに帰還したこのアラファト議長をパレスチナ民衆は盛大に出迎えた。

アメリカ、イスラエルの激しい圧力に屈せず、パレスチナ人の正当な権利実現のために闘ったアラファト議長は、パレスチナ民衆にとっては英雄であり、その熱烈な歓迎ぶりは、１９９４年７月にアラファト議長がＰＬＯ本部のあったチュニスからガザに帰還したときを彷彿《ほうふつ》させるものであったと、パレスチナ人の友人は私に述べた。

アラファト議長の見果てぬ夢

イスラエルとの交渉が進展せず、パレスチナ経済も改善の兆しが見えない中、アラファト議長は民衆からの支持を徐々に失いかけていたが、同サミットでの毅然とした態度を見たパレスチナ民衆は、再びアラファト議長を強く支持し始めたのだ。一方、キャンプ・デービッド・サミットでは、エルサレム問題ばかりにスポット・ライトが当てられ、もう一つの難問である、難民問題は隅に追いやられた。

同サミットに難民問題担当として参加していたアクラム・ハニーヤ・アラファト議長顧問は私に「クリントン大統領は、難民問題の重要性を当時正確に認識していなかった。難民問題は、周辺アラブ諸国と今後樹立されるパレスチナ国家、そして金で解決できると考えていた」と述べた。

また、「イスラエルもそもそも難民問題の解決に熱心でなかった。国連総会決議第194号はパレスチナ難民が故郷（イスラエル国内）に速やかに帰還すべきと謳《うた》っているのに、イスラエルは右決議を交渉で扱うことを避け、補償金で解決しようと試みた。その補償金も国際社会に頼ろうというのが、イスラエルの本音だった」とも述べた。

エルサレム問題と難民問題のどちらがパレスチナ人にとって重要かというのは全く

ナンセンスな質問で、エルサレム問題が宗教的、精神的、象徴的な問題であるのに対し、難民問題はまさに人間の生活そのものであり、ガザに住む約8割のパレスチナ人が難民であることを決して忘れてはならない。両者を比較したり、二者択一したりすることはそもそも不可能なのだ。

私は、難民問題が軽視されている状況は、片翼飛行を続けるようなもので、いつか必ず落下すると心配していたが、その心配は後に的中することになった。

キャンプ・デービッド・サミットが終了し、2000年8月になるとイスラエル・パレスチナ双方とも同サミットで自らがとった立場について国際社会に理解、支持を得ようと精力的な外交活動を行った。中でもアラファト議長は、18日間で21か国を訪問するという殺人的なスケジュールをこなしていた。そのかいあって、アラブ、イスラム諸国はエルサレム問題に対するパレスチナ側の立場に強い支持を表明した。

アラファト議長も、1991年の湾岸戦争で失われたアラブ諸国内での立場（アラファト議長はフセイン・イラク大統領に連帯を表明）を徐々に取り戻し始めた。

最終合意達成の期限（2000年9月）が残り1か月と迫る中、中東和平プロセスは再びパレスチナ側による一方的な国家樹立宣言という問題に直面せざるを得なくなった。国際社会はすでに1999年5月4日に、パレスチナ側に国家樹立宣言を控えるようアドバイスし、アラファト議長はそのアドバイスを忠実に守った。国際社会はまたしてもパレスチナ側に待てと言うのか――。日本も含め各国は真剣な議論を重ねていた。

日本はパレスチナの友人だ

そのような中、2000年8月中旬には、加藤紘一元自民党幹事長を団長とする衆議院議員一行が中東和平関係国を訪問し、外国訪問で多忙なアラファト議長との会談も、なんとか実現した。私は、右会談の通訳をしていたが、さすがのアラファト議長も過密スケジュールによる疲労は隠せないようであった。

加藤議員からは、「キャンプ・デービッド・サミットでは、最終的地位交渉の各議

2000年8月、ヨルダン川西岸ラマッラのアラファト議長府での加藤紘一元自民党幹事長とアラファト議長の通訳をする著者（写真左）。

題についてかつてないほど深い議論が行われ、和平達成までもう一歩のところまで来たと承知している。日本はパレスチナ国家樹立を含むパレスチナ人の民族自決権を強く支持しているが、ここは和平交渉のモメンタムを維持し、和平達成に向けた最後の努力を行うことが何より大切である。２０００年9月13日までに和平達成できなくても、一方的な国家樹立宣言を行わない方が、あなた方パレスチナ人のためになると思う」との日本政府のメッセージを伝えた。

アラファト議長は、同サミットでの成果を否定し、すでに一度国際社会の要請に基づき国家樹立宣言を延期した旨を強調したものの、友人である日本のアドバイスには真剣に耳を傾けているようであった。

私には、アラファト議長は、このとき和平達成への自信を相当深めていると見うけられた。9月13日の国家樹立宣言については、表向きはパレスチナ中央評議会（ＰＣＣ）で議論されると答えていたが、内心ではすでにこの時点で、国家樹立宣言の再度の延期を決めていたと感じた。

同年８月18日には、アラファト議長は訪日し、当時の森喜朗首相、河野洋平外相と会談、我が国は再度国家樹立宣言を延期するよう助言した。

日本をはじめとする国際社会のアドバイスが再度奏功し、９月９日、10日に開催されたＰＣＣでは、９月13日の国家樹立宣言を実質的に延期する旨が発表された。私は、当時、ＰＣＣの会場となったガザのアラファト議長府にいて結果が出るのをひたすら待っていたが、延期と聞いたときは、事前にほぼ間違いなく延期されるという情報を掴《つか》んでいたにもかかわらず、やはりほっとした。

しかし、先述の１９９９年５月４日に比べると、このときは緊張感にはかけていたと思う。やはり、最終的地位交渉はかつてないレベルまで進展しており、パレスチナ社会にもそのような交渉を支持する雰囲気が強かったからだろう。

私は、アラファト議長の和平達成の夢がかなう日が、非常に近い将来必ずやってくると信じて疑わなかった。そして東エルサレムに開館されるだろう在パレスチナ日本国大使館で勤務する日を心待ちにしていた。

第3章
パレスチナとイスラエル、和解の道は途絶えた

第二次インティファーダの発生

２０００年9月28日、私は午前中からヨルダン川西岸北部ナブルスを訪れ、ＰＬＯ執行委員会委員兼ナブルス市長であるガッサン・シャカア氏等、パレスチナ要人と今後のパレスチナ情勢につき意見交換を行っていた。

ちょうどそのころ、エルサレムでは、シャロン・リクード党党首が多数（イスラエル側は１０００人、パレスチナ側は３０００人としている）の警護を引き連れ、キャンプ・デービッド・サミットで焦点となった神殿の丘を訪問していた。私はナブルス訪問を終え、午後のアポイントのため、ヨルダン川西岸ラマッラに車で移動しようとしていたが、ラマッラの北部入り口付近（近くにイスラエル軍の駐屯地がある）では、パレスチナ人の若者たちが、投石したり、タイヤを燃やしたりして、シャロンの神殿の丘訪問に抗議運動を行っていた。

そのため、私は北部入り口ではなく、ずいぶん遠回りしてラマッラに入った。その後すぐに、まさにラマッラ北部入り口やナブルスで激しい衝突が発生しインティファーダ化するとは、このときは夢にも思わなかった。ナブルスで意見交換を行ったパレスチナ指導部の人たちは、必ずしも和平達成に楽観的ではなかったが、何か暴力を使ってイスラエルとの交渉を有利に進めようとの意図は微塵《みじん》も感じなかった。

翌29日、金曜日の礼拝のためにエルサレムのアル・アクサ・モスクを訪れたパレスチナ人は、前日のシャロンの神殿の丘訪問に抗議運動を敢行、それに対しイスラエル警察が発砲し、6名のパレスチナ人が死亡した。

アリエル・シャロン（1928年〜2014年）
イスラエル元首相

事件を知ったパレスチナ民衆は、シャロンの神殿の丘訪問への抗議と相まって怒りを爆発させ、瞬《またた》く間にインティファーダ（民衆蜂起）がヨルダン川西岸・ガザの各地へ広まっていった。

ヨルダン川西岸ファタハ指導部メンバーによれば、アラファト議長はシャロン・リクード党党首が神殿の丘を訪問する計画を有していることを、訪問の3日前、9月25日に行われたバラック首相との会談で知ったとのことだった。

　バラック首相から右訪問の計画を知らされたアラファト議長は、レバノン戦争（1982年）の際のサブラ・シャティーラの事件（レバノンの親イスラエル組織によるパレスチナ難民虐殺）の責任者としてパレスチナ人に最も嫌われているシャロン・リクード党党首が、エルサレム問題が最も微妙な論争点になっているときに、問題の核である神殿の丘（シャロン党首は神殿の丘を訪問する権利は皆にあるとして、右訪問を正当化した）を訪問することがどれほどの衝撃をパレスチナ民衆に与えるかを十分すぎるほど認識していた。バラック首相にシャロン・リクード党党首の計画を中止するよう要請し、右訪問が実施された場合にはパレスチナ民衆の怒りが爆発すると警告を発したのである。

　にもかかわらず、バラック首相はシャロンの神殿の丘訪問にゴーサインを出したのだった。私は、あれだけ和平達成に全力を注いでいたバラック首相が、なぜゴーサインを出したのかが全く理解できなかった。

　イスラエル国内政治上の配慮があったとしても、パレスチナ民衆に与える衝撃を考えると、そしてそれが和平交渉に及ぼす影響を考えると、右訪問は当然阻止されると私はとらえていた。しかしバラック首相は、結局パレスチナ人のエルサレムに対する情熱や執着心といったものを全く甘く見ていたのだろうか、兎《と》にも角にもパレスチナ人の怒りは爆発してしまった。

　インティファーダが発生して3日後の10月1日、民衆の行動を組織化するためにファタハの実動部隊であるいわゆる「タンジーム」（アラビア語で「組織化」という意味）が活動を開始した。しばらくして、先述のヨルダン川西岸ファタハ指導部は私に「タンジーム」としての活動を開始したのは10月1日であり、アラファト議長からの指示は受けていない」旨を述べた。

　イスラエル側はこのインティファーダ発生を、シャロンの神殿の丘訪問の直接的な結果としての民衆の怒りとは理解しなかった。あろうことか以前からアラファト議長が、交渉を有利に進めるために暴力を使う機会をうかがっており、シャロンの神殿の丘訪問を絶好の口実として、タンジームを利用して暴力を意図的に開始したととらえたのだ。当時、私はイスラエルがこのような見方をしていることに愕然《がくぜん》とした。

インティファーダが発生する前日まで、先述のように、私はヨルダン川西岸・ガザをほぼ毎日訪れ、各層のパレスチナ人と意見交換をしていたが、彼らからは暴力を発生させようとの雰囲気は微塵《みじん》も感じられなかったからだ。むしろ和平達成への期待感の方が強かったようにも思えた。

イスラエルとパレスチナ、加速する憎悪

私が知っているタンジーム関係者の話を総合しても、民衆のシャロンに対する怒り、同胞がイスラエル警察に殺害された怒りの大きさを察知して、タンジームが素早く民衆の動きに対応するために、「組織化」を図ったというのが事の真相のように思えた。

あるガザのタンジーム指導者は、私に、「アラファト議長、我々タンジーム指導部

がいくらインティファーダを指示してもパレスチナ民衆は何の反応もしない。民衆はリモート・コントロールで操作できる機械ではなく、感情を持った生身の人間である。そしてその人間に激しい憎悪を植え付けたのは、他ならぬイスラエルの行動であることを忘れてはならない」と述べた。

私は、イスラエル・パレスチナ双方がそれまで和平達成のために懸命に努力していたにもかかわらず、イスラエル側がシャロンの訪問を許可するという自らの非（イスラエル側は非とは全く思っていない）を認めずに、急にパレスチナ側にすべて非があるかのような見方を始めたこと、それまでの和平交渉のプロセスで、多少なりとも積み上げられたはずの相手への信頼感が、一度ネガティブな事件が発生すると、こうも簡単に変わってしまうことにやるせない気持ちになった。

10月1日、イスラエル軍はヨルダン川西岸ナブルス周辺に戦車を展開するとともに、ガザ南部に対戦車ミサイルを発射した。第二次インティファーダでは、１９８７年の第一次インティファーダのときとは異なり、パレスチナ人は投石と並行して銃をも使用し始めた。

この銃の使用の意味には、様々な見解があるが、インティファーダ発生後3日目に、いくらパレスチナ側が投石と並行して銃を使用したからといって、戦車を展開させ、対戦車ミサイルを使用するイスラエル側の対応に、再び驚愕せざるを得なかった。

こうしたイスラエル側の強硬な対応で、さらに死者が増えたことを知ったパレスチナ民衆はより一層怒りを増幅させ、それ以降はシャロンの神殿の丘訪問への抗議というよりも、同胞を殺害された怒りによりインティファーダが激化したと私は考えた。

同胞が日々殺害されることで、それまで長年積み重ねてきたイスラエルによる占領への怒り、憎しみ、加えて、オスロ合意以降の7年間の交渉で何ら成果が得られなかったどころか、入植地は拡大され、パレスチナ経済が一向に改善されないことへのいら立ちが一気に表面化し、ますますインティファーダを激化させた。激化すればするほど、イスラエルはより強硬な手段をとるため、それによるパレスチナ人の死者が増えるという憎悪の悪循環が、以降加速度的に進んだ。

この構図は、その後幾度となく繰り返されたイスラエル軍とハマスの応酬の連鎖でも変わりはない。今年10月７日のハマス奇襲も、当初はイスラエルの死者の方が多かったが、時間が経過するにつれて、パレスチナ側の死者が加速度的に増加していった（２０２３年12月上旬時点でイスラエル側約１２００人、パレスチナ側約１万５０００人）。

当時、アラファト議長は、この民衆の動きに対し、発生当初は何ら具体的な行動をとらなかった。

民衆が、今後どのような動きをとるのか模様眺めの様相であった。しかし、インティファーダが激化の兆しを見せ始めると、ヨルダン川西岸・ガザのタンジームの指導部には、民衆の動きの波に乗るようにとの指示を出す一方で、治安機関にはあくまでも平和的な形でインティファーダが行われるよう指示を出した。

だが、実際は、イスラエルの強硬な対応もあって、事態は急速に悪化していった。

２０００年10月４日には、なんとか事態の悪化を短期間で食い止めようと、パリにオルブライト米国務長官、バラック首相、アラファト議長等が集まり協議したが、非難合戦に終始し成果はなかった。10月7日には、ヨルダン川西岸ナブルスにあるユダヤ教の聖地ヨセフの墓がパレスチナ民衆により占拠、破壊されるなど、インティファーダは、みるみるうちに平和的なデモから狂信的な行動に変化していった。

翌8日、堪忍袋の緒が切れたバラック首相は、ついにパレスチナ側に最後通牒《つうちょう》を発出、48時間以内にパレスチナ側が事態の鎮静化のために適切な行動をとらなければ、イスラエルは必要なあらゆる措置をとると警告した。今次インティファーダの発生の原因を、シャロンの神殿の丘訪問とイスラエル軍の過剰な武力攻撃にあるとするパレスチナ側は、このバラック首相の最後通牒を、筋が通らないとして相手にしなかったので、事態は一挙に緊迫し、全面戦争をも覚悟しなければならない雰囲気となった。

報復の空爆

駆け出しの外交官だった私は、この短期間での事態のあまりの悪化についていけず、なぜこうなるのだと一人で思い悩んでいた。脳裏にはわずか10日前まで、和平達成への希望を捨てていなかったパレスチナ人の友人の姿があった。

中東情勢の急激な変化を重く見たアナン国連事務総長は直ちに現地入りし、バラック首相、アラファト議長と会談し、事態鎮静化のための働きかけを行った。アナン事務総長の努力が功を奏し、バラック首相は最後通牒の期限の延長を決定したが、12日には最悪の事態を迎えることになった。

その日の午前中、ヨルダン川西岸ラマッラで忌《い》まわしい事件が発生した。

ラマッラに入り込んだイスラエル兵をパレスチナ警察が逮捕し、市中心部の警察署に勾留しておいたところ、それを聞きつけたラマッラのパレスチナ群衆が大挙して警察署に押し寄せ、イスラエル兵2名をリンチ、殺害した。殺害されたイスラエル兵が警察署の2階の窓から放り出され、それに歓喜するパレスチナ群衆の姿がテレビで放映されるのを見て、一人の人間として身の毛がよだつ思いをした。

私は、このときテルアビブの在イスラエル日本国大使館事務所内で勤務していたので、わなわなと怒ったイスラエル人ローカルスタッフの表情を今でも忘れることができない。私は、普段共に仕事をしているパレスチナ人が、人間としてあるまじき行為をとったことを残念に思うと同時に、この短期間で彼らのイスラエルに対する怒りが、ここまで膨《ふく》れ上がっていたのか、と自らの認識の甘さを痛感した。

その日の午後、イスラエル軍は、ラマッラにあるそのパレスチナ警察署と、ガザのパレスチナ自治政府（ＰＡ）関連施設をヘリコプターからミサイル攻撃により空爆した。

ラマッラの警察署の隣には、我が国の草の根無償資金協力で援助し、ヨルダン川西岸における日本の文化活動の拠点にもなっているバラドナー文化センターが、空爆されたガザのＰＡ関連施設のそばには我が国の代表事務所があった。私は、これまでのイスラエル・パレスチナ双方の和平努力が、この空爆で全くの無駄になったと感じ、やるせなくなった。

イスラエル人にしてみれば、この空爆はリンチ事件への報復攻撃として当然であり、バラック首相にとっても、そのようなイスラエル国民の感情の高ぶりを抑えるためにとったやむを得ない行動であろうが、結果的には、これが、和平交渉、そしてバラック首相自身の政治生命に決定的な打撃を与えることになったのは皮肉であった。

空爆とインティファーダの激化を受け、10月16日、17日には、エジプトのシャルム・エル・シェイクに、クリントン大統領、アナン国連事務総長、ムバラク・エジプト大統領、バラック首相、アラファト議長、ソラナEU上級代表が集まり、中東首脳会談が開催された。最終日にクリントン大統領から停戦に合意した旨の発表があったが、これはクリントン大統領のメンツをつぶさないためのものであり、イスラエル・パレスチナ双方の不信感は全く解消されなかった。

ワシントンD.C.への招待

その後、インティファーダは当初より若干レベルダウンした形で、長期化する様相を見せてきた。10月21日には、カイロでアラブ首脳会議が開催され、イスラエルを強く非難する声明が発出されたが、具体的な対抗手段については、イスラエルとの外交関係の見直しなど最低限にとどまり、アラブ・ボイコットの発動といった強硬かつ効果的な手段はとられなかった。

　アラブ各国は、国内の不安定要因を封じ込めるため、表向きはイスラエル非難を声高に叫んだが、実際に行動するとなると及び腰で、パレスチナ人にとっては真の支援とはならなかった。イスラエル側は、当時、このあたりのアラブ諸国の事情を見抜いていたため、パレスチナ人に対する自衛と称する攻撃を緩《ゆる》めることはなかった。今回のイスラエルによるガザ攻撃についても、２０２３年11月11日、サウジアラビアでアラブ・イスラム合同首脳会議が開催され、イスラエルを厳しく非難する声明を発出したが、今後、各国の実際の行動が注目される。

　11月に入り、９日にはワシントンD.C.でクリントン・アラファト会談、12日には同じくワシントンD.C.でクリントン・バラック会談が行われたが、依然鎮静化の兆しを見せないインティファーダへの有効な対応策を見出すことはできなかった。12日から14日にかけては、カタールのドーハでイスラム諸国会議機構（ＯＩＣ）が開催され、エルサレムに関するパレスチナの立場に強い支持が表明された。

19日には、アラファト議長は事態の鎮静化のため、パレスチナ側が治安も民生も管理するA地域からは発砲しないように命じた。しかし、タンジーム関係者は、逆にB地域（治安はイスラエル、民生はパレスチナが管理する）、C地域（治安、民生ともイスラエルが管理）での発砲は行ってもよいととらえたことから、その後もインティファーダは鎮静化しなかった。

20日には早朝にガザの入植地（ガザにも15の入植地が存在）で爆弾テロが発生、イスラエル人が2名死亡した。イスラエル軍は右を受け、その日の晩に2回目となる空爆をガザ全域のパレスチナ自治政府（ＰＡ）関連施設に行った。

爆弾テロの犯人を逮捕するのではなく、空爆で報復するというイスラエルのやり方はパレスチナ民衆全体にさらなる憎悪を植え付け、インティファーダの長期化をより促す要因となった。この構図はその後も変化することなく、今回（２０２３年10月）

のハマスのイスラエル攻撃の遠因になったともいえる。

インティファーダ発生後、約2か月が経過し、その形態は民衆による大規模なデモ行進、投石から、入植地周辺における局地的な銃撃戦に変化していった。インティファーダ発生前までは、私は、毎日のようにヨルダン川西岸・ガザとテルアビブの往来をしていたが、右発生以降は、ヨルダン川西岸・ガザへの出入りが日に日に困難になっていった。

12月に入り、クリントン大統領は、このまま黙っていては、（翌年1月20日までの）任期中に和平合意が達成できないと考え、最後の賭けに出た。イスラエル・パレスチナ間で衝突が継続しているにもかかわらず、交渉を再開することを決定し、イスラエル・パレスチナ双方にワシントンD.C.での交渉に参加するよう強力に働きかけを開始した。

バラック首相もいつまでも和平合意を達成できない状況が継続すれば、自身が選挙で掲げた公約に反するため、やがてイスラエル国民からの支持を失うとの危機感から、それまではパレスチナ側の暴力が継続している限り交渉は行わないとの立場をとっていたにもかかわらず、方針を変更し、交渉に参加することを決定した。

他方、インティファーダと交渉を並行するとの戦略を有していたアラファト議長は、交渉自体をするべきではないとの民衆からの反対を押し切り、クリントン大統領の招待を受けた。

アラファト議長及びパレスチナ側交渉団は、米政権自体はイスラエル寄りであると非難しつつも、クリントン大統領の和平達成に向けた個人的な努力を高く評価していたからだ。

起死回生——クリントン・パラメーター

かくして、12月19日からワシントンD.C.郊外のボーリング空軍基地で交渉が開始され、クリントン政権期間に合意を達成するための、最後の山場を迎えた。

パレスチナ側からはアブド・ラッボPA情報・文化庁長官、エラカート地方自治庁長官、ダハラン・ガザ保安警察長官が、イスラエル側からは、ベン・アミ外相とシェル官房長が参加した。23日、クリントン大統領は、パレスチナ問題に関する自身の最終解決案（クリントン・パラメーター）をイスラエル・パレスチナ双方の交渉団に披露し、各指導者がその案を呑《の》むことができるか否かを、同月27日までに伝えるよう要請した。

　クリントン提案は口頭で述べられたもので、文書によるものではなかったが、イスラエル、パレスチナメディア等によれば以下のとおりであった。

（1）ヨルダン川西岸でパレスチナ側が獲得する領土は94％から96％の間である。パレスチナ側が獲得するヨルダン川西岸の領土の比率に応じて、1％から3％の土地の交換（スワップ）を、イスラエル本土とヨルダン川西岸の間で行う。

（2）入植地の80％はイスラエルに併合される。

（3）安全保障に関する基本原則は、イスラエル・パレスチナ相互の合意によってのみ撤収する国際的プレゼンスにある。

（4）合意により樹立されるパレスチナ国家は「非軍事国家」となる。

（5）エルサレムに関する一般的原則は、アラブ地域はパレスチナに、ユダヤ地域はイスラエルにというものである。ハラム・シャリーフ（神殿の丘）にはパレスチナの主権が、西の壁（嘆きの壁を含む）にはイスラエルの主権が及ぶ。採掘問題に関しては両者が共有された主権を有する。

（6）難民問題の解決は、パレスチナ人の祖国としてのパレスチナ国家及びユダヤ人の祖国としてのイスラエルという二国家アプローチに合致しなければならない。この解決策の下では、指針となる原則は、イスラエルによるパレスチナ難民のいくらかの受け入れは排除しないものの、（イスラエル本土ではなく、新たに樹立される）パレスチナ国家が、帰還することを選択するパレスチナ人にとっての焦点とならなければならない。パレスチナ難民にイスラエル本土への特定の帰還権はないが、パレスチナ人が当該地域へ帰還するとの熱望は否定しない。

イスラエル・パレスチナ双方は、右決議が国連総会決議第１９４号を履行するものであることに合意する。

（7）この合意が公正かつ恒久的な合意の全体である。

消失するクリントン提案

このクリントン提案のポイントは、エルサレム問題・パレスチナ領土問題に関してはイスラエル側に、難民問題に関してはパレスチナ側に、それぞれのレッドラインを超える大幅な譲歩を求めるところにあった。米・イスラエルをはじめとする国際社会の趨勢《すうせい》は、右クリントン提案は、和平達成のための、またとない歴史的機会の到来であり、絶対受諾すべきというものであった。

イスラエルのベン・アミ外相は、右クリントン提案に非常に前向きな姿勢を示したが、パレスチナ側エラカート長官は、右提案を受諾するには多くの障害があるとして受諾に消極的なコメントを発表した。

アブド・ラッボ長官も直ちに、エルサレムの一部の主権と引き換えに、難民の故郷（イスラエル本土）への帰還権を放棄することはあり得ないとし、クリントン提案には問題点が多い旨を指摘した。エルサレム問題と難民問題の取引という大胆なクリントン提案を前に、パレスチナ側は独自に決定することをためらい、アラブ諸国との相談、協議を開始した。

この時点で、バラック首相は、パレスチナ側がクリントン提案を受諾するのであれば、我々も呑まざるを得ないとして、イスラエル国民にエルサレムの分割に対する理解を求めた。

パレスチナ側は、右バラック首相の決定を受け、より苦しい立場に追い込まれた。しかし、結局、パレスチナ側は回答期限の27日までに、イエスかノーかの返事はできず、クリントン大統領による詳細な説明を求めるとのレターを発出するにとどまった。23日にクリントン提案が示された時点の、和平達成への劇的なモメンタムは、パレスチナ側が27日までに受諾しなかったことにより、急速に失われていった。

私には、このときのモメンタムはかつてないほど強いものに感じられたが、パレスチナ側がアラブ諸国との協議を重ねれば重ねるほど、反対論が強くなり、結局、クリントン提案は、2001年1月20日にクリントン大統領が退任すると同時に消えていくことになった。

バラック政権は、同年2月6日に予定された総選挙に勝利するためにも、なんとしても和平合意が必要であった。パレスチナ側は対抗馬のシャロン政権登場への恐怖、焦りから、クリントン政権終了後もエジプト・タバでクリントン提案を基に、交渉を継続した。しかし結局最後まで、双方に横たわる根深い溝を埋めることはできなかった。

そして2月6日のイスラエル首相選挙では、それまでに和平を達成できなかったバラック首相が予想どおり敗北し、シャロン・リクード党党首が勝利した。パレスチナ側にしてみれば、その前年（2000年）第二次インティファーダを発生させた張本人が首相になったのである。

シャロン・リクード党党首の登場

２００１年の２月６日の選挙で、シャロン・リクード党党首が勝利したのは、イスラエル国民がシャロン党首を支持したというよりも、暴力を支持するアラファト議長に対し、有効な対策も打ち出せないまま政治的には妥協を重ねるバラック首相への不支持表明だった。

欧米やイスラエルのメディアの多くは、バラック首相の敗退を、バラック首相の勇気ある大胆な譲歩に応えなかったばかりか、暴力を選択したアラファト議長の責任であるとの見方をしていた。

私も、バラック首相の功績は、イスラエル側の従来のレッドラインより大幅な譲歩を示したという意味で大きかったと考えるが、選挙敗北の責任をアラファト議長に押しつけるのは筋違いだろうと思った。

イスラエル側では評価が高かったバラック首相も、パレスチナ民衆には、「歴代で最も残忍なイスラエル首相」と見られていたからだ。すなわち、パレスチナ社会では、バラック首相は、第二次インティファーダ発生後、戦車、ミサイル、ガンボート、機関銃等を使用し、わずか４か月間で３００人以上のパレスチナ人を殺害した軍人としか見られていなかった。

特に、パレスチナ民衆にとっては、いくらバラック首相が大胆な譲歩案を示そうが、それが実施されない限りは評価の対象にはならなかった。

むしろ２０００年10月にパレスチナ人に対し空爆を行った時点で、パレスチナ人からの評価は落ちるところまで落ちてしまった。

また、パレスチナ社会には、自分たちがバラック首相の勇気ある提案、クリントン提案を受諾しなかったから、シャロン首相が登場し、和平達成が遠のいたというような見方は全く存在しなかった。

私は、シャロン氏の勝利が確定した後に、ヨルダン川西岸・ガザの各層のパレスチナ人に「歴史的機会が到来していたのに、それを逃して後悔はしていないのか」と真剣に尋ねたが、誰一人からも「後悔」という言葉は聞かれなかった。むしろ、「我々パレスチナ人がかねてから主張している国際的正当性（国連安保理決議第２４２号、国連総会決議第１９４号）にバラック、クリントンの提案は逸脱しており、受諾できるわけがない。難民の帰還権を放棄しなければならない提案がどうして歴史的機会の到来になるのか」との意見が圧倒的であった。

クリントン提案を受諾できなかった理由を、アクラム・ハニーヤ・アラファト議長顧問は、個人的に、私に以下のとおり述べた。

（１）最大のポイントはクリントン提案中の「パレスチナ難民にはイスラエル本土に帰還する特別の権利はない」との点である。自分も１９４８年難民であるが、帰還権が認められたからといって、実際にイスラエル本土に、帰還、定住するつもりはない。しかし、国連総会決議第１９４号で認められたその国際法上正当な権利を放棄することだけは絶対認められない。

イスラエル・アラブ紛争の本質はエルサレム問題でなく、難民問題である。ガザに住むパレスチナ住民の約８割が難民であるという事実、周辺アラブ諸国を含めると約４００万人のパレスチナ難民が存在するという事実を決して忘れてはならない。

（2）クリントン提案の本質は、イスラエルの安全保障をいかに強化するかにあり、パレスチナ人の正当な権利を実現することにはない。イスラエルは、クリントン提案を受諾したというものの、右提案に基づく地図を結局、パレスチナ側に提示できなかった。

イスラエルの安全保障上の要求を満たした後のパレスチナの地図は、ヨルダン川西岸のせいぜい70%にすぎないのではないかと我々は考えている。

（3）パレスチナ問題の歴史はまだ50年（当時）そこそこであり、真の解決にはもっと時間が必要である。我々は決して焦っていない。しかし、我々は明らかに真の和平達成に近づいている。

キャンプ・デービッド・サミットで議論された内容と、インティファーダを経て出されたバラックの譲歩案、クリントン提案の内容を比較すれば一目瞭然である。格段にパレスチナの主張に近づいている。我々が正当な権利を主張することで、米・イスラエルは我々の正しさを理解し始めたのである。

第4章

エルサレム・パレスチナ問題は永遠に解決できないのか

オーラあふれるアラファト議長の素顔

１９９４年４月の外務省入省でゼロからアラビア語の勉強を始めた私が、まさかその４年８か月後の１９９８年12月に、パレスチナ人の代表であり象徴であり、歴史的人物であるアラファトＰＬＯ議長の通訳を務めることができるとは想像だにしなかった。

外務省では、各語学の研修が終わり現地の大使館などで勤務し始めると、まず通訳の仕事が回ってくる。これを通訳デビュー戦と呼ぶが、私の場合は、最初がいきなりの大一番で、当時の鈴木宗男官房副長官とアラファトＰＬＯ議長の会談であった。

研修中のイスラエル、パレスチナでのフィールドワークで、パレスチナ問題に思いもかけずのめりこんだ私が、自分のアラビア語で、日本とパレスチナの架け橋をする本番前は、緊張感と同時に高揚感に包まれていた。

この会談はガザのアラファト議長府で行われたが、その後約20回の会談は、ガザで

1998年12月、ガザのアラファト議長府での鈴木官房副長官と、アラファト議長の通訳をする著者（写真中央）。

行われることもあれば、ヨルダン川西岸のラマッラで行われることもあった。しかし、毎回、アラファト議長が自分の執務室から、会談の部屋に現れる際のオーラには圧倒された。歴史上の人物が今自分の目の前にいることが信じられなかった。

アラファト議長は、最初から笑顔で出てこられるときもあれば、無表情いやむしろ怒っているように見受けられるときもあった。あとから振り返れば、やはり当時進行していたイスラエルとの交渉の進捗《しんちょく》状況も影響していたと思う。

ただ、いざ会談が始まるとアラファト議長は必ず日本の対パレスチナ支援に感謝を述べられ

2006年小泉純一郎首相のパレスチナ訪問では、現在のアッバース大統領との首脳会談の通訳をした。

た。「ありがとう」はアラビア語で「シュクラン」という。このときのアラファト議長は、顔をくしゃくしゃにして嬉しそうであった。

アラファト議長のアラビア語は、なまりがなく正統なアラビア語（これをフスハーという）であったが、パーキンソン病を患われているという話もあり、唇がいつも震えているため、アラビア語そのものよりも、それを音として聞き取ることが困難なときもあった。これはアラブ諸国の年配の指導者には多く見られた。したがって、通訳はそれも踏まえて、とにかく集中しなければならなかった。

また会談の中でも、笑われたり怒られたり、喜怒哀楽が激しいので通訳としては、それらも含めて会談をマネージしなければならず、骨の折れるミッションであった。

毎回会談終了後は、プレッシャーからの解放でへなへなとなったが、翌日になると、やはり外交の最前線にいることのやりがいを感じ、次のアラファト議長との会談に備える日々であった。

アラファト議長は２００４年に逝去されたが、その後任のアッバース議長・大統領にも、一度通訳する機会があった。

それが２００６年の小泉純一郎首相のパレスチナ（ラマッラ）訪問で、私は、アッバース大統領との首脳会談の通訳を一人で計４時間務めた。これは私が数多くアラブの指導者の通訳を務めた中でも最長であった。

パレスチナ人のシンボル、アラファト

パレスチナ問題への関心を深め、パレスチナでの勤務を希望した私にとって、まさにそのパレスチナを代表する指導者との会談の通訳を行えたことは、外交官になってよかった、そしてアラビア語の専門家になってよかったと思えた瞬間であった。

私のパレスチナでの勤務は、１９９８年７月から２００１年６月までの３年間であったが、この３年間はパレスチナの闘士として、パレスチナ人を代表する指導者として、アラファト議長が人生最後の力を振り絞った期間であったと思う。

時には険《けわ》しい顔、時にはやさしいお爺さんの顔を持つアラファト議長とは一体何者だったのか。そのオーラは何度も感じることができた。パレスチナの各層の方々と話してきて、総じて言えるのは、アラファト議長ほど、パレスチナのことを真剣に考え、真剣に戦ってきた人はいない、いろんな苦悩があっても、最後はアラファト議長についていくのだと、皆心から思っているということであった。

もちろん、日々の生活の中で、アラファト議長のとる政策に対する不平、不満を言う人間は少なからずいたが、アラファト議長という人自身を悪く言う者はいなかった。パレスチナ人のシンボルはアラファト議長なのだと、改めて感じざるを得なかった。

１９９４年７月４日、アラファト議長は長い逃亡生活（ヨルダン、レバノン、チュニジアなど）を経て、ガザの地に戻ってきた。パレスチナの友人たちは、あの感激を

時には険しく、時には温厚な顔を見せたアラファトPLO議長。

今でも忘れないと言っていた。アラファト議長は、パレスチナ人の正当な権利を実現するためにオスロ合意に調印したのだと、出迎えた民衆に訴えた。ガザの約8割（当時80万人）の住民が熱烈に、そのようなアラファト議長を歓迎した。

しかし、イスラエルとの交渉でパレスチナ人の正当な権利を実現すると約束したこのときから、アラファト議長の苦難は始まった。イスラエルとの交渉は目立った進展がなく、逆にパレスチナ民衆の生活は、イスラエル軍による自治区封鎖政策もあって、自治開始以前より悪化していった（イスラエルによるガザ封鎖は、ハマスによる2007年の封鎖前も行われていた)。

民衆のアラファト議長への不満は以降少しずつ高まっていき、1999年5月4日のオスロ合意最終期限を前に、国家樹立宣言を延期した際には、最高潮に達した。

その後、バラック首相が登場しても、交渉に際立った進展はなかった。そのような中、アラファト議長にとって、名誉挽回のチャンスが到来した。それが先述のキャンプ・デービッド・サミットであった。

インティファーダこそ民衆の望み

15日間の交渉の末、結局アラファト議長はエルサレム問題でも、難民問題でも合意を達成することはできなかったが、逆に一切の妥協もしなかった。アラファト議長は、パレスチナ民衆を前に、エルサレム問題・難民問題で妥協するぐらいなら、自分はチュニスに帰るとまで言い切った。

裏を返せば、自分はパレスチナ人の正当な権利を絶対譲らないという強い意志の表れであった。キャンプ・デービッド・サミットが終了して、ガザに帰還したアラファト議長を、合意が達成されなかったにもかかわらず、民衆は熱烈に歓迎した。

右歓迎に参加したパレスチナ人の友人は私に、「１９９４年のガザへの帰還を彷彿《ほうふつ》させた。アラファト議長が当時約束した、パレスチナ人の正当な権利の実現に向け、全力を注いでいることを肌で感じた」と述べた。アラファト議長に対するパレスチナ民衆の熱烈な歓迎とは裏腹に、国際社会はアラファト議長の非妥協的な態度を激しく非難した。クリントン大統領も、バラック首相の勇気ある譲歩を称賛する一方で、アラファト議長の頑《かたく》なな態度がサミットを失敗させたと非難した。

イスラエル社会でも同様の認識で、悪者はとにかくアラファト議長だった。２０００年末にクリントン提案が出された際もアラファト議長は結局受け入れなかったが、パレスチナ社会では大いに歓迎された。

私は、アラファト議長の立場が、パレスチナ社会内部と国際社会において、全く相反する傾向をたどったことに注目するとともに、アラファト議長は、そこまで国際社会に非難されながら、なぜ妥協せずに、パレスチナ人の正当な権利を実現するという信念を貫き通せたのかを真剣に考えた。

クリントン提案を受け入れれば、自らの夢であったはずのパレスチナ国家の初代大統領になれたにもかかわらずである。イスラエル側には、アラファト議長は独裁者で、議長が決めたことにパレスチナ民衆は黙って従うのだとの見方が強く存在していた。

しかし、私はこの見方は正しくないと思っていた。アラファト議長は自分で勝手に決めるような指導者ではなく、民衆の気持ちを最大限に汲《く》み上げ、民衆の望む政策をとる指導者である。アラファト議長にとっては、国際社会、特にアメリカ・イスラエルが自分をいかに評価するかは、パレスチナ民衆の評価に比べれば些《さ》細《さい》なことだ。

パレスチナ社会は、アラファト議長が民衆を動かしている社会ではなく、民衆がアラファト議長を動かす社会だった。第二次インティファーダ発生後、アラファト議長が特にインティファーダを鎮静化させようとしなかったのは、民衆が真に望んだ行動だったからである。タンジーム指導者への指示も、民衆が望むとおりにというものであった。

　このようなアラファト議長の方針は、指導者としては、時にはふさわしくないのかもしれない。真の指導者とは、時にはそれが本当に民衆の将来のためになるなら、先を見据えて、一時の民衆の感情に流されないようにしなければならないのかもしれない。

　しかし、アラファト議長が、パレスチナ人の代表としてやってこられたのは、そしてこの世を去るまで民衆から絶対的な支持を得続けたのは、彼が民衆の気持ちを裏切ったことがないからに他ならない。

　パレスチナ指導部の多くの関係者が、「アラファト議長が一番恐れることはパレスチナ問題を売った人物としてパレスチナの歴史の1ページに刻まれることであり、それにより民衆の支持を失うことである。エルサレム問題、難民問題で妥協してイスラエルと合意を結び、パレスチナ国家の初代大統領になるくらいなら、パレスチナ国家が樹立されなくても、パレスチナ人の正当な権利のために闘い続けた人物として亡くなることを、アラファト議長は望むのではないか。我々にとっては、アラファト議長はすでに十分大統領である」と述べていたのを鮮明に思い出す。

パレスチナ難民、忍耐の極限

パレスチナ問題で、イスラエル・パレスチナ双方が折り合える解決策は存在するのか。私が外交官として、考え続けたテーマであった。しかし、それを考えれば考えるほど、感情移入してしまう自分がいた。

外交官として最もやってはいけないことだ。日本の外交官は、イスラエル寄りでもパレスチナ寄りでもだめだ。あえていうなら日本寄りだ。そう、日本の外交官は、日本の国益のために働いているのだから。しかし、この基本を、中東というところはついつい忘れさせてしまう怖さがある。それだけ各国による激しいかけひきが行われるのが中東だ。今回（2023年10月）のハマスによるイスラエル攻撃で、世界がイスラエル支持、パレスチナ支持に大きく分断されているのもその証である。

私は、外務省ではアラビア語の専門家として採用されたが、その後、アラブ圏だけでなく、イスラエル、そしてアメリカでも勤務することができた。決して、アラブべったりではないつもりだ。アメリカでは、多くのユダヤ人とも議論してきた。その中で、自分なりに出した答えは、イスラエル、パレスチナ双方の「交渉」による結果しか意味がないということだ。

そして、パレスチナ問題が中東の安定を損なわないよう、日本として注視し、必要な支援を行うということだ。２０００年7月のキャンプ・デービッド・サミットは、その後20年以上経った現在までを通じてイスラエルとパレスチナの和平交渉の最高潮であった。

今回のハマスによるイスラエル攻撃によって、２０００年当時の和平交渉の最高点を目指す時代は今後何十年も訪れなくなったかもしれない。だからこそ、改めて当時を振り返り、記録して、次世代につなぐ価値があると私は思う。

当時、パレスチナ側が非妥協的であったという理由で、国際社会でパレスチナ、アラファト議長が悪者になるのを見て、なぜだろうと思い悩んだ自分がいた。

パレスチナ問題はパレスチナ人の譲歩の歴史なのか、イスラエルの譲歩の歴史なのか、おそらく永久に答えは出ない問題である。そこには、国際的正当性すなわち国連の諸決議が和平達成のために、どの程度の影響力を有するのか、それが和平達成における「中立」になりうるのかという問題が内在していた。

アラファト議長、パレスチナ指導部は、首尾一貫して右国際的正当性に基づく和平こそが、公正かつ完全な和平であると主張し続け、右を実現する手段として、１９９３年、オスロ合意に署名し、パレスチナ民衆に理解を求めた。

しかし、イスラエル側は、右合意が調印されたことにより、国際的正当性（国連諸決議）の実現は「交渉」に委ねられると理解し、パレスチナ側が国際的正当性の１００％の実現をあきらめたと考えた。

たしかに、オスロ合意には、交渉の目的は、国連安保理決議第２４２号、第３３８号の実施に至ることである旨が明記されているが、右解釈において、パレスチナ側が

「国連安保理決議第２４２号、第３３８号の実施」のみに着目したのに対し、イスラエル側は「交渉」による点に着目した。また、最終的地位交渉の中の難民問題については、そもそも交渉の拠《よ》り所（パレスチナ側は国連総会決議第１９４号であるとしている）がオスロ合意には明記されていなかった。

アラファト議長の非妥協的な姿勢に対する一連の批判を見るに、国際的正当性とオスロ合意の保証する内容の乖離《かいり》こそ、和平交渉が崩壊した第一の原因であったと、私は思う。

「中立」はあくまでも国際的正当性にあり、オスロ合意でいくら国際的正当性につき交渉するとはいっても、そこからかけ離れた結果が出てくるのは、パレスチナ人にしてみれば予期せぬことだった。

アラファト議長、パレスチナ指導部は、オスロ合意の期限が終了する５年後（１９９９年５月４日）の時点では、国連安保理決議第２４２号、第３３８号が１００％実施された結果として、東エルサレムを首都とした、ヨルダン川西岸・ガザ全体が領土となるパレスチナ国家が樹立され、難民には帰還権が認められる和平が成立するという甘い期待を抱いていた。パレスチナ民衆もだからこそ、１９９４年のアラファト議長のガザへの帰還を熱烈に歓迎したのである。

しかし、オスロ合意には、そもそもパレスチナ国家の樹立や難民の故郷への帰還を保証する条項は存在しなかった（難民については国連総会決議第１９４号への言及もなし）。

アラファト議長、パレスチナ指導部のこの認識の甘さが、パレスチナ民衆の過度の期待につながり、オスロ合意から7年経過しても期待した成果の出ない交渉にパレスチナ民衆がしびれを切らし、第二次インティファーダが発生、そして和平交渉が崩壊したと言っても過言ではないだろう。その意味で、和平交渉史上の最頂点であったモメンタムを失わせたのは、パレスチナ指導部なのかもしれない。

喧嘩両成敗では納得しない

２０００年末のクリントン提案は、このオスロ合意の内容を踏まえつつ、イスラエル・パレスチナ双方の事情を最大限考慮して作成されたもので、非常にバランスが取れたものであった。私が得ようとしてきたパレスチナ問題における「中立」の解答がついに出たのではないかとも考えた。

しかし、私は、ヨルダン川西岸・ガザの現場、特に各地の難民キャンプの実態を見てきて、イスラエルがユダヤ人国家としての性格を維持するために、アラファト議長が難民の帰還権を放棄するとパレスチナ民衆に伝えることが、「真の和平達成案」（中立）であるとは、とうてい考えられなかった。また、パレスチナ難民が故郷への帰還という夢を断つことが、イスラエルの隣人としての平和裡な生活を可能にするとはどうしても思えなかった。その意味で、パレスチナ難民に故郷への帰還を認めないクリントン提案は、私にとっては最終的には「中立」とはなり得なかった。

私自身、オスロ合意はそもそも中東和平の達成には不完全であり、国際的正当性すなわち国連安保理決議第２４２号、第３３８号、そして国連総会決議第１９４号が最大限尊重されないという点において、パレスチナ側の主張には十分な説得力があると思っている。

また、バラック首相が譲歩したのに、アラファト議長は譲歩しなかったから、アラファト議長が悪いという見方はいかにも短絡的であったと思う。

それは、お互いの立場が平等でない、すなわち「占領者」であるイスラエルと、「被占領者」であるパレスチナの関係——パレスチナ側にしてみれば、国連安保理決議第２４２号、すなわち、イスラエルの生存権を受け入れ、自らの領土を東エルサレム、ヨルダン川西岸、ガザに限定した時点で、すでに最大限譲歩をした（賛否あり）という点——に全く無知な者が、双方とも同じだけ譲歩をしなければならないという、いわゆる「喧嘩両成敗」の理論を振りかざしているにすぎない。

他方、私は真の和平が到来し、かつその和平が永続するには、当たり前かもしれないが、イスラエル・パレスチナ双方の指導者が、各々の社会内部をもぎりぎり説得できるラインでなければならないと考えるようになった。

ユダヤ教にとってのエルサレムの重要性、イスラエル国内政治に入植地問題が与える影響、イスラエルがユダヤ人国家でなければならないという事情から目を背け、ひたすら国際的正当性を説いてみても、結局それはイスラエル・パレスチナが恒久的に共存できることにはならないと痛感するようになった。

クリントン提案は、お互いの信頼関係があと少しでも醸成《じょうせい》されていれば、「イスラエルはパレスチナ難民のイスラエル本土へ帰還する権利を認める代わりに、パレスチナ指導部はパレスチナ難民のイスラエル本土への定住を最大限抑えるよう努力する」というラインで実際には合意達成が可能ではなかったかと思えてならない。

そして、このラインをイスラエル・パレスチナ双方の指導部が各々の民衆に真摯《しんし》に説明することで、民衆の賛意を得ることがひょっとしたら可能だったのではないか。逆に言えば、イスラエル、パレスチナの指導部とそれぞれの民衆との間で、信頼関係が築けていなかったということになる。当時オスロ合意から7年でそれを望むのは、50年以上のパレスチナ問題の歴史からすると酷だったのかもしれない。

したがって私は、和平交渉崩壊の第2の原因は、このイスラエル・パレスチナ双方のあらゆるレベルでの信頼関係の欠如、共存への意思の欠如にあると考える。第二次インティファーダ発生後、国際社会、特にアメリカ、イスラエルは、兎にも角にも、まずパレスチナ人が暴力を止《や》めるべしと言うだけで、なぜその暴力が発生するのかを考えようとは全くしなかった。

子供をインティファーダに駆り出す親は一体どういう教育をしているのかと嘆くだけで、その親がそれまでの人生で、イスラエルの占領によりどのような仕打ちを受けてきたかを理解しようとはしなかった。２０２３年10月のハマスによるイスラエル攻撃にしても、仮にハマスが過激派組織であろうが、長年のイスラエルによる占領へのパレスチナ人の怨念を表していることに変わりはない。

安全保障のための占領は正義なのか

故郷を離れ、長年「入植地」に代表される占領に耐え抜いてきたパレスチナ人の姿がそこにはあった。経緯はともかく現在は占領者の立場にあるイスラエル人が、たとえわずかでもパレスチナ人の置かれた立場を理解しようとしていれば、今回のハマスによる攻撃は発生しなかったかもしれない。

もし、これからでもそれを理解しようとすれば、事態は徐々に改善に向かうだろう。パレスチナ指導部、パレスチナ人も、オスロ合意でイスラエルの存在を認めて自治を得た以上、イスラエル本土での「テロ」は断固として防がなければならなかった（ハマスはイスラエルの存在を否定）。

イスラエルで爆弾テロが発生し、イスラエル人が死ぬたびに、ヨルダン川西岸ラマッラでは、パレスチナの若者が祝砲を発していた。同じ人間の死を喜ぶ社会が存在していた。ガザには、イスラエルが描かれた地図は存在していなかった。

ホロコーストの恐怖を忘れられず、自らの安全を確保するためには、「力によってアラブ人を封じ込めるしかない」というイスラエル人の考え方に、私もイスラエルに住んでいれば賛成するだろう。

一方、パレスチナ人がイスラエルの南レバノンからの撤退（1982年）をイスラエルの弱さととらえ、いつか自分たちも、暴力を継続すれば、ヒズボラのようになれると考えても不思議ではない。

先述の、1996年に参加したヘブライ大学サマーコースにおけるイスラエル人教授の「ユダヤ人の安全保障のための占領は悪ではない」との発言は、外交官になる前の研修期間中の当時の私に、大きな衝撃を与えた。現地でその答えを見つけようとしてきたが、いくらイスラエルの事情を考慮しても答えを得ることはできないばかりか、逆に占領こそ真の悪であるとの結論に達した。

私は、駆け出しの外交官として、必死にヨルダン川西岸、ガザ各地にこれでもかと広がる豊かな入植地（2005年にイスラエルが撤退するまでガザにも入植地が存在）に代表されるイスラエルの占領の実態、そしてそれに隣接するパレスチナ人の貧しい難民キャンプ・村々を見続けてきたが、誰もが、もしそこに住むパレスチナ人と同じ境遇であれば、抵抗運動を続けいつか必ずイスラエルを追放してやるという気持ちになっても当然だと思えた。

月並みな表現になるが、人間の憎しみ、すなわちパレスチナ人の、とにかく目の前から入植地とそれを守るイスラエル軍が消えてほしい、彼らから解放されたいという、一人間としての切実な叫びが、私の耳に焼き付いて離れない。彼らの叫びが国際社会に届くのは、一体いつなのだろうか。

アラファト議長は、２００４年、ついにパレスチナ国家樹立の夢を成し遂げられないまま逝去された。

その後の、パレスチナは混乱を極めた。それが今回のハマスのイスラエル攻撃の土台となったのは否めない。アラファト議長の後継は、アッバース議長・大統領（２０２３年11月現在も現職）であったが、アラファト議長に比してカリスマ性に乏しく、パレスチナ民衆をまとめる力はなかった。

アッバース大統領の指導力の欠如が２００６年に実施されたパレスチナでの選挙で、ハマスの政治的な台頭を許し、２００７年以降は軍事的・政治的にもガザはハマスの支配下に置かれることになった。アッバース大統領率いるパレスチナ自治政府（PA）はヨルダン川西岸内のパレスチナ領土のみが支配地域となり、パレスチナが分裂し、それが国際社会からもイスラエルからも、「パレスチナには正当な交渉相手が存在しない」との口実を与えることにつながった。

それでも後述のように、オバマ政権は交渉加速の努力はしたが、２０１４年以降は途絶えたままである。

バイデン政権は、今回のイスラエル・ハマスの衝突を経て、再びこの問題の解決に向けイスラエル・パレスチナ間の交渉再開を目指すのであろうか。しかし、仮に再開されてもまた同じ論点にぶちあたるだろう。

エルサレム問題と難民問題、この難問を解決する糸口はいまだに見出せないままだからだ。しかし、だからと言って、国際社会がその難問の解決をあきらめてしまってはならない。その「あきらめ」こそが、ハマスによるイスラエル奇襲の大きな要因であったことは間違いない。

第5章　アメリカはなぜパレスチナ難民を見捨てたのか

オバマ大統領とパレスチナ問題

私は、２０２３年10月7日のハマスによるイスラエル攻撃の根本的背景に、国際社会、なかんずく仲介者たるべきアメリカがパレスチナ問題への関心を低下させたこと、あるいはイスラエル寄りの政策を鮮明にしてきたことがあると考える。

したがってこの章では国際社会によるパレスチナ問題への無関心さがどこから生じたのか、アメリカの中東政策、特にそのパレスチナ問題への取り組みを振り返り、今後、アメリカが果たしてパレスチナ問題に再び関与していくのかを検討したい。１９９３年9月、オスロ合意の署名式の中心には、まぎれもなくアメリカのクリントン大統領がいたことを忘れてはならない。

先述のとおり、私は１９９８年～２００１年まで、在イスラエル大使館（在ガザ日本政府代表事務所）で勤務し、アラファト議長の通訳や、クリントン大統領が約２週間を費やした２０００年のキャンプ・デービッド・サミットの際のイスラエル・パレスチナ交渉の情報収集等、和平交渉の舞台裏を最前線でフォローしていた。しかし、２００８年から２０１１年まで、今度は舞台をアメリカの日本大使館に移し、ワシントンD.C.で、オバマ政権の中東政策をフォローすることがミッションとなった。

私はイスラエル、パレスチナでの勤務経験を通じ、パレスチナ問題は、アメリカ、イスラエル、パレスチナで、それぞれ１００点満点の指導者が揃わなければ達成されない、あるいはそれでも達成されないのではないかとの考えを有するようになっていた。

当時（２０００年）、イスラエルは和平推進派の労働党バラック首相、パレスチナはパレスチナ民衆の信頼が厚かったアラファト議長、そしてアメリカは自ら和平交渉に膨大な時間を費やしたクリントン大統領の３首脳であったにもかかわらず、和平は達成されなかった。このうち誰が１００点でなかったから、和平交渉が結局頓挫したのかは、先述のとおり、様々な見方がありここでは深入りしない。

しかし、私が指摘したかったのは、オバマ政権が発足した２００９年初頭においては、イスラエルが右派・強硬派のネタニヤフ首相になっていたこと、パレスチナが２００７年にハマスの勝利でヨルダン川西岸とガザに分裂し、アッバース大統領はヨルダン川西岸の指導者でしかなくなっていたことで、すでにイスラエル、パレスチナの両指導者が１００点から大きく遠のいていた現実である（ちなみにその前のブッシュ政権時代は、９・11同時多発テロへの対応やイラク戦争への対応に精一杯でパレスチナ問題に時間を割く余裕はなかった）。

そして、このような状況が継続する限り、オバマ氏が米大統領としていくら頑張ろうと、和平の達成は困難なことがほとんど自明であるにもかかわらず、オバマ大統領自身はその任期中にどの程度、この問題に本腰を入れるのだろうかという点に私の関心は集中していた。

その関心は突き詰めて言えば、オバマ大統領はいつクリントン大統領が2期目の最後（２０００年12月）に提示したクリントン・パラメーターなるものを提示し、自ら交渉に関与しようとするのだろうかということにあった。

この点、オバマ大統領は２００９年1月の政権発足後、ジョージ・ミッチェル元上院議員を特使に任命し、まずはミッチェル氏にイスラエル・パレスチナへのシャトル外交を行わせ、双方の主張に耳を傾けることに集中した。

ミッチェル特使は、当初、和平交渉の停滞の主たる原因は、イスラエルによる入植活動が継続していることにあると考え、同年3月に発足したネタニヤフ政権（先述の１９９６年から１９９９年に次ぐ2度目）に対して、入植活動を完全に停止するよう強く求めていった。

ジョージ・J・ミッチェル（1933年〜 ）
元アメリカ上院議員　オバマ政権下中東和平特使

オバマ大統領が、２００９年4月6日、トルコ国民議会における演説において、「我々は目の前にある道が困難なものとなることを知っている。イスラエル人もパレスチナ人も信頼と信用を作り出すために必要な手段をとらなければならない。共に自らがこれまでに行ったコミットメントを果たさなければならない」と述べ、オバマ政権が入植地問題に大きな重点を置くことは、当初より予想されていた。

オバマ政権のパレスチナ問題への取り組みにおいて特に注目できるのは、過去の和平努力の成果、特に当事者によって確認された諸合意を重視したことであった。それはイスラエル、パレスチナの当事者や、アメリカ等の指導者、政府が変化しても、過去の成果は引き継がれるべきとの当然の確認でもあった。

そのような中、ミッチェル特使は、2001年3月以降に出てきた入植拠点をイスラエル政府が直ちに撤去することとともに、「ミッチェル・リポート（第二次インティファーダの原因の調査報告書、2001年4月30日に公開）」に言及し、同リポートと一致する形でイスラエル政府はすべての入植活動（入植地の自然増を含む）を凍結すべきことを定めている。

同リポートは、勧告として、「イスラエル政府はすべての入植活動を凍結すべきであり、その中には現存の入植地の『自然増』も含まれる」と述べている。オバマ政権が、入植地の完全凍結を含む過去の諸合意を重視した背景には、オネスト・ブローカーとしてイスラエル、パレスチナ双方に対して、共に同じ形で原則を貫くべきとの信念があった。

これは2006年1月のパレスチナ立法評議会選挙を経て樹立されるハマス主導政府に対する支援検討の際の原則として、そして、後にはハマスとの接触に際しての条件等としても認識されていくことになった。同月のカルテット（中東和平を議論する国連、アメリカ、EU、ロシアの4者枠組み）声明で初めて示された、いわゆるカルテット3条件の一つは、「ロードマップを含む過去の諸合意及び諸義務の受け入れ」であった。

入植活動停止は延長せず

ミッチェル特使には、イスラエル、パレスチナの一方、あるいはパレスチナの一勢力のみに対して過去の諸合意や諸義務を要求する仲介者はオネスト・ブローカーとはなり得ないとの判断があった。

結果的に、ネタニヤフ首相は、同年11月に、10か月間の入植活動停止を決定したが、当時、ミッチェル特使の入植活動に焦点をあてるこのようなやり方には、多くの批判があった。

オバマ大統領が任期内において、イスラエル・パレスチナ間の交渉を開始させ、最終交渉合意まで持っていく決意があるのであれば、入植地の問題はいずれにせよ最終的地位交渉の議題であるのだから、交渉開始の前提条件として入植活動の停止をイスラエルに求めることに、どの程度の意味があるのか疑問なしとしなかった。

また、オバマ大統領のこのような方針が、入植活動が継続しているうちは交渉開始はしないという、パレスチナ側の必要以上に頑固な態度をもたらしたことは否めなかった。

そのような中、ある外交行事の際に、私は、長年イスラエル・パレスチナ交渉を最前線で調整してきたデニス・ロス大統領特別補佐官とさしで話す機会を得ることができ、そこで、長年の関心であった点を聞くことができた。

私から、「入植地にこだわるパレスチナ側をどのように説得するのか」と聞くと、デニス・ロス氏が、「バイデン副大統領（当時）のイスラエル訪問中にイスラエルがエルサレムでの新規住宅建設を発表したことはたしかに問題（2010年3月、バイデン副大統領がイスラエル訪問中にイスラエルが新たな入植地建設を発表し、副大統領がこれに激怒した）であるが、パレスチナ側がそれを理由に交渉開始を拒否することは理解しかねる。

イスラエルによる新規住宅建設はオルメルト前首相下でも行われてきたわけであり、パレスチナ側はそのときにはイスラエルと交渉していたのである。パレスチナ側は今次事態を経てま

デニス・ロス（1948年～）
クリントン政権下中東和平交渉担当特使
元大統領特別補佐官

た高い木に登ってしまったと言えよう。

パレスチナ問題を解決する唯一の方法はイスラエル側とパレスチナ側が直接話すことである。したがって、アメリカが解決のための具体的なアイデアを有する必要はそもそもないのである。また、結局イスラエル・パレスチナ双方が真剣でなければ、アメリカが何を提示しても結局上手くいかないのである」と述べたのを鮮明に覚えている。

デニス・ロス氏はワシントンD.C.のシンクタンクの間では、イスラエル以上にイスラエルの安全保障を考える人物として有名であり、またキャンプ・デービッド・サミットの失敗の教訓（当時、中東和平調整官だった）から、いわゆる米提案の提示には慎重であることで知られていた。実際に同氏の口から説明を聞いたときは、アメリカの本音が見えたような気がし、それが現実であることを思い知らされた。

当初、オバマ政権としては、上記入植活動停止期間が切れる２０１０年9月26日までに、イスラエル・パレスチナ間の交渉を開始させることを狙っていた。しかしパレスチナ側のネタニヤフ首相への不信感、ネタニヤフ首相の強硬な対応等から、それは失敗に終わり、代わりに同年7月からはアメリカがイスラエル、パレスチナとそれぞれ交渉を行い、交渉のきっかけを作ることを目的としたいわゆる「間接交渉(proximity talks)」を立ち上げることとなった。

それまでは、オバマ大統領は、来《きた》るべきイスラエル・パレスチナ交渉におけるアメリカの立ち位置を決めかねていた。この時点で、アメリカは同交渉に同席し、将来的にイスラエル・パレスチナ間の距離が縮まった適切な時期に米提案を示すことを決定したと見られていた。そして、アメリカは、それを米提案の明示を欲していたパレスチナ側へのカードとした。

このようなアメリカの決断が奏功し、同年9月1日、2日にはワシントンD.C.でイスラエル・パレスチナ間の直接交渉開始の盛大な式典が開催された。9月1日の演説においてオバマ大統領は、「(イスラエル人とパレスチナ人の)直接交渉は最終的地位問題のすべてを解決することを意図している」として、「双方共にこれらの交渉が

1年以内に終了することを示唆《しさ》してきた」と述べ、1年以内という時間軸について明らかにした。

他方で、その時点において、上記の入植活動停止期間が切れる際の対応をアメリカが当然考えている（直接交渉開始の式典をワシントンD.C.で行うからには、すでにイスラエル側と何らかの手打ちがなされている）と見られていた。

結局、イスラエル側は入植活動停止を延長せず、また、パレスチナ側も「入植活動が継続しているうちは交渉しない」との原則を頑《かたく》なに貫いたため、直接交渉は9月に2回行われただけで頓挫することとなった。その後、アメリカはイスラエルに対し、引き続き同活動停止の延長を働きかけた。

オバマに打つ手なし

２０１０年12月10日、ブルッキングス研究所での演説においてクリントン国務長官は、イスラエル、パレスチナの双方が共に、アメリカの和平努力が継続されることを望んでいるとした上で、アメリカが今後進める努力は、枠組み合意の主要な問題の前進を念頭に置く、イスラエル、パレスチナ双方それぞれとの対話となる旨を述べた。

この発言は、アメリカが自ら進めてきたイスラエル、パレスチナの直接交渉の開始・再開のための努力が実を結ばなかったことを明らかにしたものであった。ただ、同長官は、演説の中で、間接交渉を進め、核心的問題をも取り扱う枠組み合意の達成のためにアメリカが努力を継続することを明らかにしてもいる。

さらに同長官は、イスラエル、パレスチナ双方共に平和に至る上で必要とされる困難な決断の準備ができていないとの情勢認識を示しつつも、国境（境界）線、安全保障・治安、入植地、水、難民、エルサレムといった核心的な問題に取り組むときであるとの判断をしている旨を述べた。

これは、オバマ政権発足時からの「入植活動が和平プロセスの障害」という政策方針が失敗に終わったことを意味した。オバマ政権がイスラエルの内政状況等を考慮することなく入植地の全面凍結にこだわった結果、直接交渉の入り口でプロセスが頓挫してしまい、実質的な交渉、直接交渉に至ることができなかったことを批判する向きが特に多いように感じられた。

また、オバマ政権は自然増を含む入植地凍結をイスラエル側に担保させることができずに、原則的立場を変更したとの批判がある。いずれもオバマ政権のアプローチに対する批判であった。

クリントン演説によってオバマ政権による直接交渉のための努力が実を結ばなかったことが明らかにされて以降は、同政権の中東和平政策に対する批判がさらに強まったと言える。

中には、オバマ政権の中東和平政策に対する批判にとどまらず、アメリカの過去の中東和平努力のすべてを否定する、感情的とも言える批判も示された。

私は、オバマ大統領が政権発足当初から、和平交渉へのアメリカの直接参加と、提案の明示を決断していれば、最終交渉の一つの議題にすぎない入植地問題で躓《つまず》くというこのような事態にはならなかったのではないかと考えていた。

さらに、2011年に入ると、年初から、「アラブの春」が発生、オバマ政権はパレスチナ問題に集中する状況ではなくなっていたが、同年5月19日、オバマ大統領は「アラブの春」を総括する演説で、大方の予想を覆《くつがえ》したのだった。

すなわち9月の国連総会におけるパレスチナの一方的国家承認を求める行動を強く牽制し、合意された土地の交換を伴う1967年ラインに基づく解決が交渉のベースであり、まずは国境と安全保障問題に関する交渉から開始すべきと強調した。パレスチナ問題における交渉の基礎について、米大統領として初めて明確に言及したのである。

他方で、オバマ大統領が、アメリカは交渉の結果を押しつけることはできないとして、今後のアメリカとしての具体的な対応について言及しなかったことを私は懸念していた。

オバマ大統領、あるいは最低限クリントン国務長官が直ちに現地を訪問し、具体的な行動を起こせばアメリカの真剣さが示されるが、特使レベルのシャトル外交を繰り返せば、また、オバマ政権発足時の2009年1月に戻ることと同じではないかと考えたからである。

そして私の心配は的中し、同演説の後には、ミッチェル特使の後任のヘイル特使が、イスラエル・パレスチナを1回訪問しただけであった（9月前半及び中旬に2回目、3回目の訪問）。これでは、オバマ政権発足当初に行ったミッチェル特使のシャトル外交よりもアメリカは動いていないと言われても仕方がなかった。

2011年8月、日本政府の要人がワシントンD.C.を訪問し、デニス・ロス大統領特別補佐官、ヘイル特使とそれぞれ会談した際には、私も同席させていただいた。両者が、オバマ大統領は、5月の演説自体で政治的代償を払ったことを強調し、「もう一度それを払うことはない、つまり、オバマ大統領自身がイスラエルとパレスチナの指導者と直接交渉することはない」旨述べていたのが印象的であった。

ワシントンD.C.が翌年（2012年）の大統領選挙に向けて身動きが取れなくなってしまうことを踏まえれば、2011年5月の演説自体が、オバマ政権における中東和平の「仕上げ」になるような気がしてならないと感じていた。すなわち、オバマ・パラメーターなるものは同演説により一応提示されたが、ついに大統領自身が（国務長官ですら）本問題に真に能動的に取り組むことはなかった。

なぜなら、この章で詳述してきたように、当時の状況下においてこの問題に取り組んでも和平は達成され得ないと、アメリカは考えていたからである。事実、２０１４年以降、イスラエル・パレスチナ間の交渉は途絶えた。交渉の断絶がオバマ政権２期目で起こり、その後、同政権もパレスチナ問題に打つ手はなかった。

トランプ大統領の大罪

オバマ大統領が2期（２００９年から２０１７年）を務めた後のトランプ大統領（２０１７年1月から２０２１年1月）の中東政策は、サプライズの連続だったと言ってもよいだろう。

まず、２０２０年8月から始まった一連のアラブ諸国（ＵＡＥ、バーレーン）との

（左から）バーレーンのザイヤーニ外相、イスラエルのネタニヤフ首相、アメリカのトランプ大統領、アラブ首長国連邦のアブドラ外相。

国交正常化である。

2020年8月14日朝（日本時間）、イスラエルとUAE（アラブ首長国連邦）が国交正常化したという衝撃的なニュースがワシントンD.C.から飛び込んできた。トランプ大統領がツイッター（現・X）で伝えたのだ。また、次に9月11日、同じく湾岸諸国のバーレーンがイスラエルと国交正常化し、9月15日にはワシントンD.C.で署名式が行われた。

まず、アメリカにとってこれらは、米大統領選挙において劣勢が伝えられる中での、トランプ大統領ならではの挽回策だった。実利優先のトランプ大統領らしい発想で、米大統領選挙への成果と考えられた。

トランプ選挙チームの調査では、トランプ大統領の強力な支持層のキリスト教福音派は、当時問題となっていたイスラエルによる入植活動よりも、UAE等アラブ産油国との国交正常化を支持するとの意見が多数であったことが、そのディールを後押ししたと考えられた。

歴代の米民主党政権もイスラエル・アラブの関係改善を後押ししてきただけに、民主党がこの合意に真正面から反対しづらい状況も追い風となった。

しかし、このイスラエルとアラブ諸国の合意は、2002年に発表されたいわゆる「アラブ・イニシアティブ」（パレスチナ問題の解決なくして、アラブ諸国はイスラエルと国交正常化しない）と矛盾するものであり、今回（2023年10月）のハマスによるイスラエル攻撃の遠因になったとも言えるのではないか。ハマス指導部も、一部のアラブ諸国の動向を明確に批判している。

他方、UAEにとっては、トランプ大統領のパレスチナ問題軽視によるアラブ諸国における同問題の位置づけ低下の中で、（アメリカの政権交代の可能性を前に）トランプ大統領から実利を得たい経済優先の思惑があった。脱石油社会を目指す上でも、イスラエルのハイテク産業との連携は魅力的であった。ただし、国内及び他のアラブ諸国に対しては、イスラエルとの合意で、イスラエルによる入植活動を停止できたとのアピールに懸命であった。

中東の金融センターたるバーレーンにとっては、中東の経済ハブＵＡＥがイスラエルとの国交正常化表明を先行したことで、同じく経済面での実利を重視する同志として、障壁がなくなった。

歴史的には、アラブ世界の構造的変換とも言えた。かつてはエジプト、シリア、イラクといった歴史的大国がアラブ世界の中心で主導権を握っていたが、イラク戦争（２００３年）、アラブの春（２０１１年）を経て、中東域内の政治的影響力は激減していた。

一方で、国内改革を遂行し、機敏なサウジアラビア、ＵＡＥ、カタール、そしてバーレーンといった湾岸産油国が政治的にも台頭しつつ、現在保有している石油及び脱石油後に向けたソフトパワー路線を武器に、経済的にもイスラエルと結びつくのは時代の潮流とも言え、今後、中東世界でこの流れは継続すると思われた。その意味で、中東は「政治」から「経済」への時代に移ったとも言えた。

イスラエルにとっては、エジプト、ヨルダンに続きアラブ諸国では３番目となるＵＡＥ、４番目となるバーレーンとの国交正常化である。中東和平のパートナーとしての位置づけでしかなかった（発展途上国たる）エジプト、ヨルダンとは異なり、産油大国かつ経済ハブのＵＡＥ、中東の金融センターのバーレーンは経済面でのメリットが大きく、この合意は先行２国との国交正常化とは決定的な相違があった。

また、当時汚職事件等で国内の立場が脆弱《ぜいじゃく》なネタニヤフ首相にとっては、経済的側面（ＵＡＥとの合意は、イスラエルのハイテク産業の巨大市場への輸出を、バーレーンとの合意は、中東の金融センターとの連結を意味する）と、アラブ諸国の切り崩しに成功し、パレスチナ問題の国内外での位置づけを一層低下させたという外交的・政治的側面両方での勝利だった。

矮小化されたパレスチナ――敵の敵は味方

ネタニヤフ政権にとって、UAEとの合意に含まれる入植活動の一時凍結は、イスラエル国内強硬派との関係では多少のリスクはあるものの、すでに入植地は拡大しており、実態に変化がないという意味では痛みはなかった。

アラブ諸国の切り崩しはイスラエル外交の勝利を意味し、強硬派ネタニヤフ首相の立場の強化に資するが、パレスチナ和平には足かせになろうと思われた。

しかし、コロナ禍による経済活動の停滞もあり、UAE、バーレーンにとっては、中東の「ハイテク国家」であるイスラエルとの国交正常化による経済的なメリットの方が上回った。一方、イスラエル国内では当時、与野党の連立交渉が難航して総選挙を3回やり直した上、ネタニヤフ首相には汚職疑惑が浮上。国内基盤が苦しい中、国民の支持を得るために外交的、経済的成果で挽回する必要があった。

すでに土地を占領しているイスラエルにとっては、パレスチナ問題を解決するには何らかの譲歩をするしかない。本音ではパレスチナ問題を消し去りたいイスラエルにとっては、国交正常化でアラブ諸国にくさびを打ち込むことで、国際社会にイスラエルとアラブは和解したと見せかけ、パレスチナ問題への関心を一層低下させたいとの思惑もあった。しかし、この思惑が、今回のハマスの奇襲で見事に外れることになったのは皮肉であろう。

またアラブ諸国指導者には、２０１１年のアラブの春以降、中東問題の根幹であるパレスチナ問題において、パレスチナ国家の独立を支援することは、国内の独立志向派、過激派をイランに向かわせることにつながりかねないとの危惧が生じた。

２０１４年以来、そもそもイスラエルとパレスチナ間の和平交渉がなく、もはやアラブ諸国の中でもパレスチナ問題の関心が低下しており、その時点で、ＵＡＥ、バーレーンが「政治」より「経済」を優先することは当然の選択だったと言えよう。

しかし、本来であれば、１９９３年のオスロ合意で、クリントン米大統領がイスラエル・ラビン首相とアラファトPLO議長の間を取り持って歴史的な和解を実現させた努力をアメリカが再度すべきであったにもかかわらず、そのパレスチナを完全に置き去りにしたイスラエル・UAE合意を「歴史的」と自画自賛するトランプ大統領の姿勢は、アメリカの中東における地位を一層不安定化、不確実化させる可能性があった。そして、それは10月7日のハマス攻撃で現実となった。

中東政治の構図の観点からは、アメリカの長年の中東への関与の低減やアラブの春による中東のパワーバランスの変化（シーア派イランの勢力拡大、2017年にはイランとサウジアラビアは国交断絶）、さらにトランプ政権による過度のイラン敵視政策で、中東ならではの「敵の敵は味方」の論理が働いた。

すなわち、イスラエルにとっては、もはや最大の脅威はアラブ諸国ではなくなり、アラブ諸国にとっても、イスラエルではなく、政治的影響力や、核やミサイルの開発を急激に進める「イラン」こそが共通の敵となった中での合意達成であった。アラブ諸国の視点では、先行するUAE、バーレーンに、他のアラブ湾岸諸国が追随するかが焦点となると思われた。

実際、サウジアラビアは、当時すでにイスラエルの飛行機の上空通過を認めたことで、実質的にUAEを後押しした。近年の中東世界におけるキーワードは、「世代交代」と「脱石油依存」であった。すでに最後の中東戦争（第四次）から50年経っており、アラブ諸国では若者の人口が増え、また、指導層も大幅に若返っていた。

直接戦争を知らない世代が増え、イスラエルに奪われた土地を取り戻すという「アラブの大義」の意義が薄れ、パレスチナ問題への関心が低下していたのは否めなかった。UAEもバーレーンも産油国である一方、「脱石油依存」を目指していた。

「石油はいずれなくなる。オイルマネーにいつまでも依存していては、いずれ国家運営が立ち行かなくなる」。そうした危機感から、湾岸産油国は製造業やサービス業、観光業などに力を入れ、産業の多角化を進めてきていたのだ。

一方、トランプ大統領の最大の負の遺産は、パレスチナ問題の矮小化であった。オバマ政権からトランプ政権への移行期に、アメリカのパレスチナ問題への関与として話題になったのが、ユダヤ人入植地問題である。

前述のように、オバマ氏は大統領就任後、和平交渉の障害となっている入植地建設に対して、反対の姿勢を明確に打ち出した。ネタニヤフ政権は抵抗し、米・イスラエル関係は「史上最悪」と言われるまでになった。

オバマ氏は、２期目にはネタニヤフ政権との関係修復に動いたが、大統領の任期切れまで１か月となった２０１６年12月、国連安保理でイスラエルの入植活動を非難する決議案が採決されたとき、アメリカは拒否権を行使せず棄権したため、決議案は採択された。最後の最後に、オバマ氏がネタニヤフ首相に強い不信感を抱いていたことを感じさせた瞬間であった。

一方、トランプ政権下では、「パレスチナ和平合意の実現」という公約を掲げて登場したオバマ大統領ですら何ら成果をあげることはできなかったため、和平への期待値は低かった。むしろ、トランプ大統領は、就任前から、イスラエルの米大使館をテルアビブからエルサレムに移転させることを公言してきた。

また、ネタニヤフ政権が求めてきた、イスラエルを「ユダヤ人国家」と認定することにも支持を示し、パレスチナ問題を悪化させかねない発言を続けてきた。

「一国家解決」か「二国家解決」か、パレスチナ問題の本質を知らなかったトランプ

早速、トランプ大統領は、大統領に就任直後の、2017年2月中旬のイスラエル・ネタニヤフ首相との最初の首脳会談後の記者会見で「入植活動を少し控えるように」と遠慮がちな注文をつけたが、この首脳会談では、トランプ大統領の別の発言が物議をかもした。

「二国家解決であれ、一国家解決であれ、私は双方が望むならどちらでもよい」という発言である。オバマ政権がイスラエルの入植活動を非難する安保理決議に拒否権を行使しなかったことについて、当時のケリー国務長官やパワー米国連大使は「(入植活動は)アメリカが目指してきた二国家解決の実現を危うくする」という声明を出し

た。

トランプ大統領が「二国家解決にこだわらない」と発言したのは、「二国家解決」を強調してネタニヤフ首相に仇《あだ》をなしたオバマ政権と、自分とは違うと言いたかったのかもしれない。改めて説明すると、「二国家解決」とは、イスラエルとパレスチナが国家として共存するという、オスロ合意以降、これまでの「和平プロセス」の基本であった。

トランプ大統領は「一国家解決」という言葉を、単に、パレスチナ国家を認めないという意味で使ったのかもしれない。しかし、専門家の間では、パレスチナ問題における「一国家解決」とは、パレスチナをユダヤ人国家とアラブ人国家に分割するのではなく、一つの国として、アラブ人もユダヤ人も同じ国民として、平等の権利を持って生きさせるという解決策のことを言う。

ユダヤ人の左派の中には、パレスチナにユダヤ人国家を建設するというシオニズムを否定し、アラブ人との共存を主張する人々がいる。それは、アラファト議長率いる

PLOがパレスチナ全土解放を掲げていたころの主張でもある。現在でも、イスラエルがヨルダン川西岸に入植地を拡大し続けてパレスチナ国家の樹立が困難になる状況の中、パレスチナ人からは「パレスチナ国家を認めないならば、イスラエルはヨルダン川西岸を併合すればよい。平等な同じ国民として一つの国でやっていこうじゃないか」という声があるのも事実である。

つまり、「二国家解決」は、イスラエル独立の根拠となった1947年の国連パレスチナ分割決議の否定となる。パレスチナ国家の否定というだけでなく、ネタニヤフ首相が求める「ユダヤ人国家」としてのイスラエルの否定でもあるのだ。

トランプ大統領は知らなかったのかもしれないが、イスラエルのシオニズムを信奉する大多数の人々は、パレスチナ国家を認めるかどうかにかかわらず、「一国家解決」を語ることはないし、できないのである。

「二国家解決でも一国家解決でも、どちらでもよい」というのは、米大統領としては「失言」であったと言わざるを得ない。

その同じ会見で、トランプ氏がネタニヤフ首相に「入植活動を少し控えてほしい」と求めたとしても、入植地の問題をどこまで理解しているのかと疑問を持たざるを得なかった。そのような不規則発言はあったにしても、トランプ氏は自らも選挙キャンペーン中に言ったように、歴代の米大統領の中で最も親イスラエルの大統領になった。政治や外交の経験がないトランプ大統領にとって、娘イバンカの夫でユダヤ人実業家クシュナー氏の存在は大きかった。大統領選挙キャンペーンで、トランプ氏と親イスラエルロビーの橋渡しをしたとみなされ、トランプ政権でも最も影響力を持つ人物であった。

パレスチナが激怒したトランプ大統領の中東和平提案

２０２０年１月28日、トランプ大統領はホワイトハウスで自らの中東和平案を発表した。

同席したのは、イスラエルのネタニヤフ首相のみ。１９９３年、当時のクリントン

トランプ米大統領の中東和平案

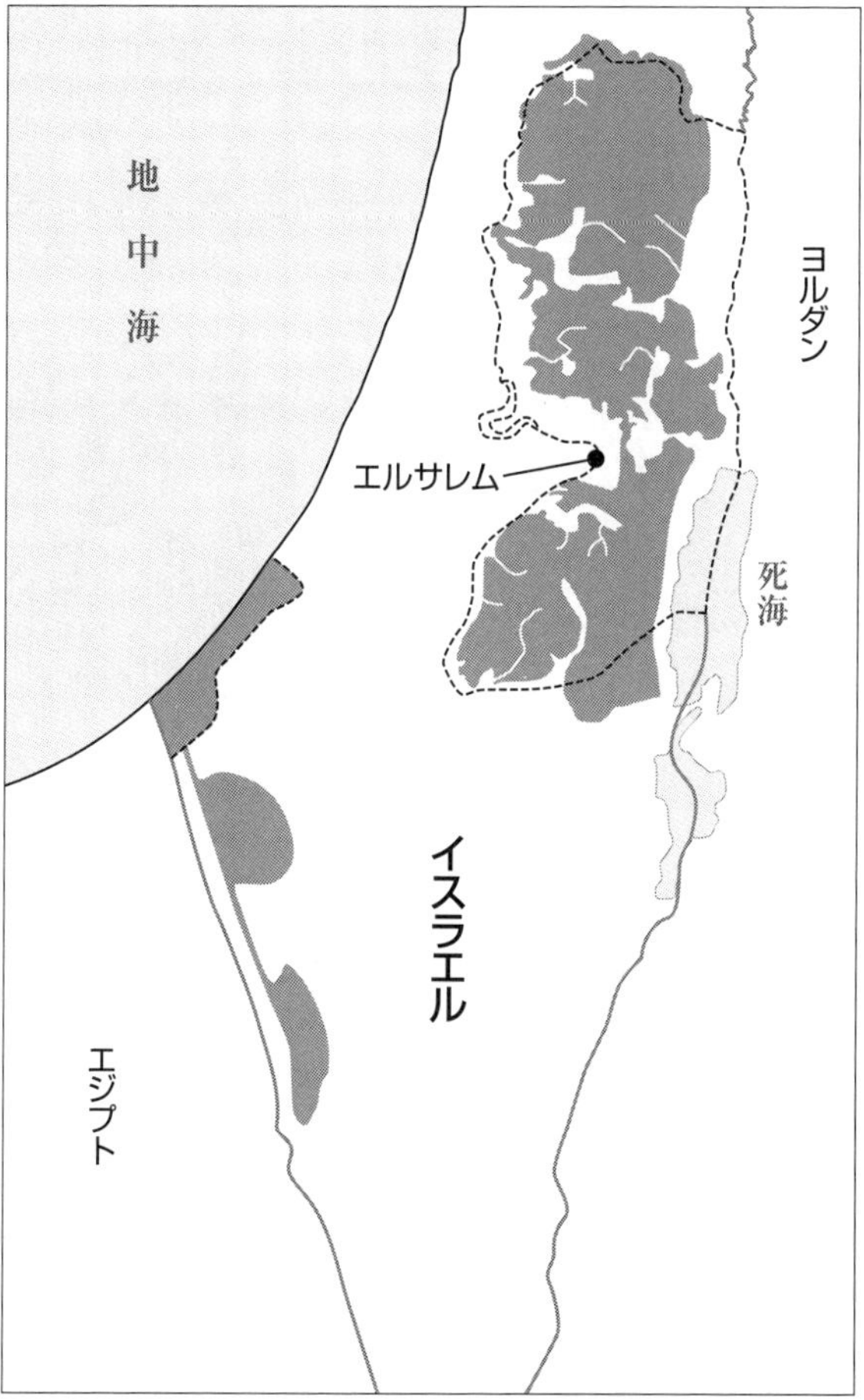

※米ニューヨーク・タイムズ紙の報道より

現在のパレスチナ

和平案でのパレスチナ領

大統領がイスラエルのラビン首相とＰＬＯのアラファト議長の間に立ち、歴史的な「オスロ合意」（パレスチナ暫定自治合意）に調印し、双方に握手を促した情景とは全く異なった。会見でトランプ大統領は和平案がイスラエルの利益になると繰り返しアピールし、そのたびに記者会見に同席した両政権関係者から大きな歓声や拍手が沸き起こった。

しかし、和平案は2人の選挙対策のために、急ごしらえで作られたわけではなかった。トランプ大統領は就任直後からイスラエルとパレスチナの和平に意欲を示し、娘婿のクシュナー上級顧問を担当に指名。実は、発表まで実に3年をかけた、練りに練られた案であった。

和平案の内容として発表された資料は１８０ページにも及んだが、パレスチナにとってプラスと思われる要素は2つだけであった。５００億ドル（およそ5兆円）に上る経済支援が手に入ること。そして悲願のパレスチナ国家の樹立が承認されることだった。しかし、その条件として、パレスチナに様々な「妥協」を迫った。以下は、その主な内容である。

・エルサレムはイスラエルの首都とする。パレスチナ側は分離壁の外側にあるエルサレム周辺地区を首都にしてもよい。
・ヨルダン川西岸にイスラエルが建設した130か所以上の入植地については、そのほとんどについてイスラエルの領土とすることを認める。
・中東戦争で故郷を追われたパレスチナ難民について、2020年現在、イスラエル領となった故郷に帰還する権利を認めない。
・パレスチナは軍事力の保有は許されず、ハマスは武装解除する。また他国と同盟を結んではならない。

これに対して、イスラエルに求めている譲歩はごくわずかであった。

・イスラエルは、交渉開始後４年間は入植活動を行わない。
・入植地などをイスラエルの領土とする代わりに、イスラエルの領土を一部、パレスチナに与える。
・イスラエルはパレスチナ国家を承認する。

双方に求めている妥協や譲歩を見比べれば、和平案はイスラエルの言い分をほぼ丸呑みし、パレスチナの主張を退けた内容だと言える。トランプ政権が作成した将来の地図には、国土が虫食い状態になり、飛び地だらけのパレスチナ国家の将来図が描かれていた。

これでは、私が、先述したクリントン大統領の提案よりパレスチナ側にとって悪化――特にエルサレム問題と難民問題は論外――しており、パレスチナ人が受け入れられるものでは全くなかった。当然パレスチナ側はトランプ提案を拒否し、ワシントンD.C.での式典に出席できるわけがなかった。

極端なトランプ提案の背景には、パレスチナ問題の地位の低下があげられた。かつて、パレスチナ問題は中東戦争の最大要因だった。しかし、２００１年の９・11米国同時多発テロ事件からイラク戦争へ至る流れや、２０１１年のアラブの春、その後のシリア内戦（２０１１年）、イスラム国（ＩＳ）樹立（２０１４年）など、いずれもパレスチナ問題と関係のない危機であった。これを見る限り、パレスチナ問題の重要性は下がっていると言わざるを得なかった。

そして、２０１４年４月にイスラエル・パレスチナ間の交渉が頓挫して以降、和平プロセスは停滞したままの状況が継続していた。しかし、イスラエルの入植政策は継続し、双方の不信感は根強く、対話の再開には至っていなかった。また、ガザの人道状況も悪い状態が続いていた。

そのような中、トランプ政権は、２０１７年12月にエルサレムをイスラエルの首都と認めるとの立場を表明し、２０１８年５月14日に米大使館をテルアビブからエルサレムに移転した。オスロ合意では、エルサレムの地位は、イスラエル、パレスチナの交渉によって決定するとされていたにもかかわらずである。

これに対して、パレスチナでは抗議デモ等が実施され、ガザでは、パレスチナ人とイスラエル治安部隊との暴力的な衝突により、50人以上が死亡し、多くの負傷者が発生した。その後もガザではこうした衝突やガザからのロケット弾の発射、ハマス拠点に対するイスラエル軍の空爆など、緊張した状態が断続的に発生していた。

バイデンのパレスチナ問題への無関心

２０２１年1月20日に発足したバイデン政権では、外交政策の重心が中国を念頭にアジアに置かれ、そもそも中東地域への関心が薄かった。まず、バイデン政権発足を前に、中東では２０２１年に入り、３つの前向きな動きが見られた。

一つは２０２１年1月5日に、サウジアラビア北西部で開催された湾岸協力会議（GCC）で、２０１７年6月以来断交が続いていたサウジアラビア、UAE、バーレーン、エジプトのアラブ4か国とカタールが断交の解除（国交正常化）で合意したことである。

断交のきっかけは、カタールが、他のアラブ諸国が脅威とみなすイランとの関係を深めたことや、イスラム過激派とされるムスリム同胞団を支持したこととされた。バイデン政権とイランの間にさざ波が立つ可能性がある中で、イラン包囲網を強化したいアラブ諸国、特に盟主のサウジアラビアにとっては、アラブ諸国内の分裂は障壁でしかなかった。

この合意は、バイデン政権、そしてイラン指導部に対する、アラブ諸国による「アラブの団結」というメッセージととらえられた。

もう一つは、パレスチナ自治政府のアッバース大統領が2021年1月15日、パレスチナ自治政府の議会にあたる評議会の選挙を2021年5月22日に、議長選挙を2021年7月31日に実施するとの政令を出したことだ。実現すれば評議会選は15年ぶり、議長選は16年ぶりとなるはずだった。

パレスチナは2007年以降、アッバース大統領率いるファタハがヨルダン川西岸を、ハマスがガザを支配して政治的に分裂しているが、統一政府作りを通じて、バイデン政権にパレスチナ問題への関心を高めさせたいとの狙いがあった。だが、結局、パレスチナ選挙は実施されなかった。それが今回のハマスによる武力行使の正当化をより長引かせている原因ともなっている。この意味でアッバース大統領の責任は厳しく問われよう。

もう一つは、そのイスラエルで2021年3月に行われた総選挙の結果、ネタニヤフ首相が下野したことであった。2020年来のアラブ諸国との国交正常化という外交成果が評価され、強硬派のネタニヤフ首相が続投する場合、パレスチナ内部で前向きな動きはあるものの、パレスチナ問題が再度日の目を見ることは容易ではなかった。

バイデン政権もネタニヤフ首相が続投する場合には、パレスチナ問題の進展はいったん棚上げし、イスラエルとアラブ諸国の国交正常化のさらなる加速に重きを置く可能性もあった。逆に、イスラエルに穏健派の首相が誕生する場合には、先にパレスチナ問題に取り組んで、サウジアラビアなどが、イスラエルとの国交正常化に動きやすい環境を整備するのではないか（サウジアラビアにとってはパレスチナ問題の進展という大義名分が保たれることになる）と見られていた。

いずれにせよ、バイデン政権下では、イスラエルとアラブ諸国の国交正常化の流れは加速していくものと思われた。結果的に、ネタニヤフ首相は敗北し、２００９年以来継続してきた政権はいったん幕を閉じたが、わずか１年半の下野を経て２０２２年12月にネタニヤフ氏は再度首相に復活した。

アメリカは中東から手を引けるのか

アメリカの視点で見れば、２００１年のアメリカ同時多発テロ事件、２００３年のイラク戦争以降国内を覆《おお》う深い厭戦気分から、バイデン政権下でも、中東（イラク、アフガニスタン）におけるアメリカのプレゼンス減縮という大きな潮流は加速するだろう（トランプ政権は最終的に両国の駐留米軍数を２５００人にまで引き下げた）と思われた。

しかし、アメリカが中東から手を引きたくても、中東各国は、アメリカを良くも悪くも必要としており、引かせてくれないというのが現実だった（イスラエルにとってはアメリカは同盟国。イランも国内統治上、アメリカは必要悪）。このアメリカの中東からの撤退政策と中東各国の思惑のずれが、中東に新たな混乱をもたらす可能性もあるだろうと思われた。

「力の空白」が生じ、トルコ、ロシア、イスラム過激派等が虎視眈々《たんたん》と覇権を狙ってくる可能性もあった。このようなアメリカの中東政策と中東諸国の実情との齟齬が、今回「ハマス」の抵抗運動という形でパレスチナ問題が爆発した遠因でもある。

また、歴代の米民主党政権は、民主主義、人権や和平という基本的価値を重視するため、強硬派の首相が率いるイスラエルや、人権問題を抱えるサウジアラビア等とは関係が悪化する傾向にあった（オバマ政権然《しか》り）。

しかし、バイデン政権は、トランプ大統領の残したアメリカ大使館のエルサレム移転、イランとの核合意離脱による地域の緊張増大等、この４年間の負の遺産が簡単には処分できないため、オバマ政権より、現実的にならざるを得ない。イスラエル、サウジアラビアとの対立も一時的には回避するだろうが、その後関係が冷却化する可能性は十分あると思われた。

一方、ブリンケン米国務長官は、パレスチナ国家樹立を認める二国家共存支持を明言しつつも、「近い将来に進展を見込むのは難しい」と悲観的な見方を示した。また、在イスラエル米大使館をエルサレムに維持することも約束。トランプ政権が進めたイスラエルとアラブ諸国の国交正常化も「イスラエルをより安全にする」と評価し、イスラエル寄りの姿勢を見せたのであった。

サウジアラビアへの配慮

そのブリンケン国務長官は2021年1月27日、長官就任後初めての記者会見で、2018年にトランプ前政権が一方的に離脱したイランとの核合意について、イランが合意義務を順守すれば復帰するとの意向を改めて示した。しかし、現状ではイランが「多くの面で規則に従っておらず、長い道のりだ」との認識を示し、早期復帰には慎重な姿勢を見せた。

イランは２０１５年、核開発の制限と引き換えに経済制裁を一部解除させる核合意を主要６か国（米英仏独露中）と結んだ。だがトランプ前政権は２０１８年に離脱し、イラン産原油禁輸などの経済制裁を発動。反発したイランはウラン濃縮度の上限超過など、合意からの逸脱行為を繰り返している。ブリンケン氏は、イランが合意順守を決断したとしても「（義務履行の）評価に時間がかかる」との見通しを語った。

このように、イランに関する言及は多かったが、パレスチナ問題には何の言及もなく、オバマ政権で任命された中東和平担当特使も発表されなかった。これがバイデン政権のパレスチナ問題への姿勢、無関心の証左でもあった。この無関心が、今回のハマスによるイスラエル攻撃を防げなかった大きな一因でもある。

２０２１年２月４日、バイデン大統領は、国務省において、就任後初となる外交政策に関する演説を行った。その中で、中東問題については、「イエメン内戦は人道的な大惨事を引き起こしている。この内戦を終わらせなければならない」と述べただけであった。

イエメンでは、2011年の「アラブの春」以降、サウジアラビアなどが支援する政権側とイランの支援を受けるフーシ派との間で内戦が続いていて、アメリカ（特にトランプ政権）はサウジアラビアが主導する軍事作戦を支援してきたが、バイデン大統領は、トランプ前政権が積極的に行ってきたサウジアラビアが主導する軍事作戦への支援を停止することを明らかにした。

一方で「サウジアラビアはイランが関与した勢力によるミサイル攻撃などの脅威に直面している。我々はサウジアラビアが主権と領土を守るための支援は続けていく」とも述べ、サウジアラビアへの配慮も示した。また、イエメン問題を扱う特使に地域情勢に詳しい外交官のティモシー・レンダーキング氏を起用することを明らかにし、国連と連携して内戦の終結を目指す考えを表した。

これを受けて、バイデン政権は2021年2月6日までに、イエメンの親イラン武装組織フーシ派のテロ組織指定を解除する方針を固め、議会に通知した。トランプ前政権は２０２１年１月、イエメン内戦でハーディ暫定政権と交戦するフーシ派をテロ組織に指定したが、これを覆《くつがえ》した形だ。

米国務省などによると、ブリンケン国務長官は２月５日、内戦に介入して暫定政権を支援しているサウジアラビアのファイサル外相と電話会談し、内戦終結がバイデン政権の優先事項だと伝達した由だ。この演説でも、バイデン大統領はパレスチナ問題への言及を全く行わなかった。

２０２１年２月７日、バイデン大統領は、ＣＢＳテレビでのインタビューにおいて、イラン核合意への復帰について、「イランとの交渉のためにアメリカが先に制裁を解除することはない。イラン側が先にウラン濃縮をストップすべき」という認識を示した。

歴代の米民主党政権は、民主主義、人権、和平という基本的価値を重視する外交を展開してきたが、バイデン大統領も中東においては、まず２０１１年のアラブの春以降内戦が続くイエメンに焦点をあて、内戦を終わらせ和平を達成する決意を示したと言える。

サウジアラビア主導の軍事作戦の支援の停止と、親イラン武装組織フーシ派のテロ組織指定解除は、その手段の一環ではあるが、一方で、バイデン大統領は、オバマ民主党政権時代に、基本的価値に関わる女性の人権問題等を抱え関係が冷却化したサウジアラビアに対し、イランへの脅威に対抗するための支援は継続するとも述べ、配慮を示した格好であった。

トランプ政権下で、より鮮明になったイランとサウジアラビア等アラブ諸国の対立が、中東地域全体の和平には障害であるとの認識から、バイデン政権は任期中、地域のパワーバランスに細心の注意を払いながら、外交を展開していかざるを得なかった。

バイデンのイスラエル、パレスチナ訪問

そのバイデン大統領は、就任後、2022年7月まで1年半も中東を訪問すること

はなかった。パレスチナ問題のみならず、中東地域に関心がなかった何よりの証左である（皮肉にも、今回のハマスによるイスラエル攻撃後、わずか10日でイスラエルを訪問することになった）。しかし、２０２２年２月に始まったロシアによるウクライナ侵攻により、原油価格が世界的に高騰《こうとう》する中、バイデン大統領は石油乞《ご》い外交をせざるを得なくなった。

そして、バイデン大統領は、ついに２０２２年７月13日から16日、イスラエル、パレスチナ、サウジアラビアを訪問した。

トランプ前大統領の就任後初の外国訪問がサウジアラビアであったことと比較して、あまりにも遅い中東訪問となった。

先述のとおり、バイデン大統領は、２０２１年２月、就任後初の外交演説で、アメリカ外交のパワーシフト（すなわち２００１年のアメリカ同時多発テロ事件や２００３年のイラク戦争で負った、アメリカ外交の負の遺産である「中東」からの脱却と、中国、ロシアなど権威主義国家への注力）を鮮明にし、特に中国を競争相手と明確に位置づけた。

２０２１年８月のアフガニスタンからの米軍撤退は、「脱・中東」の象徴となった。また、バイデン大統領は、米民主党政権の外交の象徴である基本的価値（民主主義、人権、和平）を重視する外交も鮮明にした。中国の新疆《しんきょう》ウイグル自治区、香港の人権問題への言及はその証左であり、中東も例外ではなかった。

しかし、このアメリカの「脱・中東」戦略が、２０２２年２月のロシアによるウクライナ侵攻に起因する世界的な原油価格の高騰と、バイデン政権の気候変動重視政策により、エネルギー安全保障上の観点で頓挫《とんざ》したのだった。

特に、人権重視等により冷えていた湾岸産油国のサウジアラビア、ＵＡＥとの関係は、トランプ前大統領時代と異なり再構築せざるを得ず、ワシントンＤ.Ｃ.ではアメリカが中東への「再関与」に舵切りすべきなのか検討され、その場合でも、これまでの軍事・安保中心から多面的な関係（経済、ビジネス、気候変動、人権、宗教等）へのシフトの可能性についての模索が始まっていた。

そのような状況での、バイデン大統領の中東訪問は、ガソリンが1ガロン（約3・785リットル）5ドルを超える生活をアメリカ国民が強いられる中で、大統領本人による湾岸諸国への増産要請のパフォーマンスなしでは、中間選挙での民主党の敗北がより決定的になるとの焦燥感によるものが大きかった。実際、バイデン大統領にとっては、本来、望まない中東訪問であったが、サウジアラビアとの人権問題とエネルギーのディールのために、出向かざるを得なかった旨を米政府高官も述べていた。

一方で、自ら強調した中東の人権問題でも、2018年にイスタンブールのサウジアラビア総領事館で発生した（反政府）サウジアラビア人ジャーナリスト・カショギ氏の暗殺事件については、何らかの折り合いをつけなければならないというジレンマを抱えた。

同事件発生当時の共和党トランプ大統領は不問に付したが、バイデン政権は発足直後の2021年2月、米国家情報長官室が同事件にムハンマド皇太子が関与したと結論づけた。この報告で、サウジアラビア、特に皇太子の国際的信頼度が地に落ち、サウジアラビア側の怒りは頂点に達していた。

実際、私が２０２２年４月にサウジアラビアに出張した際にも、王族、高官筋からバイデン政権のカショギ事件への対応に対する怒りが肌で感じられた。その後、バイデン大統領は、カショギ事件の首謀者ムハンマド皇太子は、もはや米大統領のカウンターパートではないとして、頑《かたく》なにサルマン国王を相手としてきた。

しかし、サウジアラビア側はこれを逆手にとり、サルマン国王は原油増産の決定権はムハンマド皇太子にあると説明し、バイデン大統領がサウジアラビアに石油増産を求めるなら、ムハンマド皇太子と会わざるを得ない状況を醸成した。

人権やカウンターパート問題で、自らハードルを上げた格好のアメリカは、訪問前から苦しい立場に追い込まれていた。一方、サウジアラビアにとっては、バイデン大統領の訪問はムハンマド皇太子の汚名をアメリカのいる世界の舞台で払拭する機会となった。ムハンマド皇太子が、確実にサルマン国王の後継であることをサウジアラビア国内及び国外（特に欧米）に知らしめる好機でもあった。

この点、6月14日、ジャン＝ピエール米大統領報道官は声明で、バイデン大統領のサウジアラビア訪問では高騰するエネルギーや食料の問題、経済・安全保障協力の拡大を議論すると発表し、イランの脅威への対処のほか、人権問題についても意見を交わすと明らかにした。そのためにも、サウジアラビアではムハンマド皇太子カウンターパート問題を解消し、カショギ事件の落としどころを見つける必要があった。

イスラエルの単独行動を牽制

しかし、同時に米政府高官は記者団に、「バイデン大統領は人権に関する見解を変えるつもりはない」とも強調していた。バイデン大統領をして、サウジアラビア訪問を容易にしたのは、２０２２年6月2日に、石油輸出国機構（ＯＰＥＣ）にロシアなどを加えた「ＯＰＥＣプラス」が原油の追加増産を決め、サウジアラビアが対米関係改善への一定の配慮を示したことであった。

また、米政府高官は隣国イエメンでサウジアラビア率いる有志連合と親イラン武装勢力による停戦合意が継続している点も高く評価しており、アメリカとしては、バイデン大統領の訪問の下準備ができたと見ていた。一方、サウジアラビアは、イエメン内戦のためのアメリカからの武器支援を必要としていた。

ウクライナ戦争で、ロシア製の武器には頼れないことが明確になり、一方で、中東への覇権も狙う中国製の武器に信頼があるわけでは決してないからだ。これがサウジアラビア側をして、バイデン大統領を受け入れる思惑の一つとなっていた。訪問直前の7月9日、バイデン大統領は『ワシントン・ポスト』紙（電子版）への寄稿で、サウジアラビア訪問は「相互の利益と責任に基づく戦略的パートナーシップを強化するのが狙いだ」と説明した。

訪問への反対意見があることを認識しつつ、ロシアや中国に対抗するため、サウジアラビアとの関係強化の必要性を訴えた。また、「イスラエルの中東地域への統合」を進めることなども強調した。先述の米国務省報道官によれば、訪問の狙いに、核開発などをめぐって対立するイラン包囲網を強化することをあげていたが、実際は、サウジアラビア訪問に過度な注目を集めないように、カムフラージュする程度のものであった。

その意味で、イスラエル、パレスチナ訪問はあくまでもサウジアラビア訪問の前座的な位置づけにすぎなかったと米政府高官は私に述べていた。これが、バイデン政権のパレスチナ問題軽視の実態である。

実際、イスラエル訪問については、バイデン大統領の訪問発表（6月14日）直後に、イスラエル・ベネット政権の解散が決定（6月20日）され、間の悪い訪問となってしまった。しかし、アメリカ中間選挙におけるユダヤ・ロビーとの関係もにらみ、訪問をキャンセルするという選択肢はなかった。

バイデン大統領と前ネタニヤフ首相の関係は険悪であったため、バイデン政権は本音では、ベネット政権維持を希望、支持していたが、2022年11月1日のイスラエルの選挙結果によっては、米・イスラエル関係に変化が生じるだろうということでイスラエル訪問を決行した（そして結果はネタニヤフ首相の再々登板であった）。

他方で、イランとの核合意へのアメリカの復帰交渉について、最新状況をイスラエル側と共有し、同時にイスラエル側の単独行動を牽制する狙いもあったことは間違いない。

2022年に入り、ロシア、中国への両面作戦を強いられる中、イスラエルとイランという核保有の可能性がある国同士の直接対峙は、バイデン政権にとって是が非でも回避したいシナリオであったからだ。イランとの核合意については、バイデン政権発足後、アメリカの復帰交渉が紆余曲折を経ながらも継続しており、EUを仲介者とするアメリカとイランの間接交渉について、2022年8月1日には、キャナアーニー・イラン外務報道官は、近い将来にイラン核合意再建に向けたアメリカとの間接交渉の新ラウンドが始まる見込みだと発言していた。

同報道官は、EUのボレル外務・安全保障政策上級代表から提案文書を受け取ったと認めた上で、イランの経済的利益を確約するために対話を継続する意思を示した。

この背景としては、ロシア産のエネルギーからの脱却のためイランの原油が是が非でも必要なEUが、焦燥感を強めていたこともあげられる。

一方、バイデン政権が世界市場での原油不足を補うために、核合意の再建交渉をまとめ、イランに原油の輸出増を容認するとの見方もある中、実際は、アメリカの立場は強硬であった。バイデン政権は、イラン側が求めているイラン革命防衛隊のテロリスト指定解除、アメリカの政権交代によっても変わらない核合意履行の保証も拒否し、アメリカとしてはすでにイランとの交渉は終了している、あとはイラン次第であるとの立場を崩さなかった。

米政府高官は、イランに譲歩する形でのアメリカの合意への復帰は、中間選挙を前に内政上の政治的失点になるため、急いでいないと強調していた。ただ、ロシア・プーチン大統領の核使用発言がある中で、イランがその道を加速させることをアメリカが懸念していることも間違いなかった。

一方で、イランも本音は制裁解除を希望しているが、2022年7月19日には、ロシアのプーチン大統領をイランに招待し、アメリカへの圧力をかけるなど、双方が我慢比べの状況となっていた。

バイデンとアッバース

アメリカとしても、イランとの核合意が完全に崩壊しイラン側の挑発が発生する前に、イラン包囲網を形成しておきたいとの思惑《おもわく》もあった。それが中東訪問中に提唱された「中東防空同盟構想」であった。

バイデン大統領のパレスチナ訪問については、イスラエルのみ訪問すれば、それ自体で、バイデン政権がパレスチナ問題解決に関心がないと国際社会から受け取られることを回避するためのものとの見方もできる。実際は、２０２１年5月に、イスラエル・パレスチナ間の衝突の激化が再燃したように、アメリカがこの問題で足を引っ張られることは避けたいとの思惑によるものにすぎなかった。ロシア、中国との戦線がある中で、とにかく中東地域の情勢悪化だけは絶対避けたいというのが本音であった。

２０２２年7月13日、バイデン大統領はベングリオン空港でイスラエルのラピド

2022年7月14日、エルサレムでのバイデン大統領とラピド首相の会談の様子。

首相やヘルツォグ大統領らの出迎えを受けた。

7月14日、バイデン大統領は、エルサレムでラピド首相と会談し、核合意再建交渉が難航するイラン情勢やイスラエルとアラブ諸国の和平推進を中心に協議した。両首脳は会談後、「米・イスラエル戦略的パートナーシップ・エルサレム共同宣言（The Jerusalem U.S.- Israel Strategic Partnership Joint Declaration）」に署名し、イランの核兵器保有阻止やイスラエルとアラブ諸国の国交正常化のさらなる深化などについて合意した。

同宣言中、興味深い内容は以下のとおりであった。

・アメリカとイスラエルは、両国の壊せない結びつき、イスラエルの安全保障にアメリカが超党派でコミットすることを確認する。

・アメリカはあらゆる力でもってイランの核兵器取得の阻止にコミットする。また、他のパートナーと協力し、イランによる攻撃的かつ攪乱《かくらん》的活動に立ち向かう。その活動とは、イランの直接的行動や、ヒズボラ、ハマス、パレスチナ・イスラム・ジハード運動（ＰＩＪ）など代理勢力やテロ組織を通じた活動である。これらの点は、今回のハマスによるイスラエル攻撃とその後の展開を占う上で重要である。

・両国は、イスラエル領空やアメリカ・イスラエルの安全保障パートナーの領空を防衛するため、高エネルギーレーザーシステムなど最新鋭防衛技術の協力を進める。

・パレスチナ問題に関し、バイデン大統領は長きにわたる二国家解決案への支持を確認する。米国はこの目標に向けてイスラエル、パレスチナ自治政府（ＰＡ）、地域諸主体と協働する準備がある。

7月15日、イスラエル首脳との会談を終えた米国のバイデン大統領は、ベツレヘムでパレスチナのアッバース大統領と会談した。

アッバース大統領はイスラエルによる占領を終結させるべきだと述べ、アメリカに東エルサレム領事館の再開、ＰＬＯの外国テロ組織リストからの除外、ＰＬＯワシントン事務所の再開を要求した。しかし、バイデン大統領はこれらの要求について明言を避け、さらに「現在は和平交渉再開に適した時期ではない」とも述べた。

同日、バイデン米大統領はサウジアラビアのジッダに到着した後、サルマン国王との会談に臨むため宮殿を訪問した。国営サウジアラビア通信の映像によると、バイデン氏が車から降りるとムハンマド皇太子が歩み寄って出迎えた。先述のとおり、人権重視を掲げるバイデン大統領は、サウジアラビアのムハンマド皇太子を厳しく批判してきただけに対応が注目されたが、両者は拳を突き合わせてあいさつした。

バイデン大統領は、ムハンマド皇太子との会談の冒頭で、カショギ氏殺害事件に触れた。これに対してムハンマド皇太子は、（自身の関与を改めて否定した上で）痛ましい事件だがどこででも起こりうる過ちであり、アメリカもイラク・アフガニスタンで人権侵害を働いたと反論した。

一方で、バイデン大統領は会談後、石油供給量を増やすため「できる限りのことをしている」と発言し、「サウジアラビア側も問題の緊急性を理解しており、我々の議論を踏まえて数週間で追加措置があると期待する」とも語った。

しかし、この日サウジアラビアが発表した共同声明では、石油供給量の増加には言及されず、両国が「世界のエネルギー市場の安定に向けたコミットメントを再確認した」と述べるにとどめられた。

ウクライナ侵攻と原油高

7月16日、バイデン大統領は、GCC＋3（イラク・エジプト・ヨルダン）サミットに参加した。アフガニスタン・イエメン・ウクライナ・シリア情勢、イラン核協議、気候変動対策と再生可能エネルギー、石油高騰、中東和平等、多くのテーマについて協議がなされた。バイデン大統領は会議で「アメリカは中東で積極的に関与するパートナーであり続ける」と演説し、「中国やロシア、イランがつけ込む空白は作らない」と強調した。

同時に「この数か月間、石油生産がどう変化するか楽しみに見守る」と述べ、ロシアのウクライナ侵攻で高値が続く石油市場の安定に期待を示した。同サミットは終了後に声明を発表し「エネルギーをめぐる安全保障と市場安定化の重要性」を強調したが、バイデン大統領が主要産油国に期待した原油増産に関する新たな具体策への言及はなかった。

石油高騰について、バイデン大統領はサウジアラビアへの増産要請を事前に示唆していたが、サウジアラビア側の回答は「（２０２７年の目標数値である）日量１３００万バレルからのさらなる増産はない」というものだった。また、今次訪問は、パレスチナを挟みつつイスラエル訪問の後になされたことから、サウジアラビア・イスラエルの国交正常化を見据えたアメリカの仲介とも報じられてきた。

これに関して、バイデン大統領は両国の国交正常化には時間を要すると事前に述べた上で、自身が搭乗したイスラエル発の航空機の領空通過をサウジアラビアが認めたことを「歴史的決定」と称えた。

ただしサウジアラビア側はこれを「イスラエルとの外交関係とは無関係」で、「今後のイスラエルとの関係構築のための第一歩というわけでもない」と強調した。

同日、バイデン米大統領は中東歴訪を終えて帰国した。同年、11月の中間選挙前で最後と見られる外国訪問の成果は限りなくゼロに近く（事実、注目された8月3日のＯＰＥＣプラス閣僚協議の決定は、9月に日量10万バレルという小幅な増産にとどまった）、国内では身内から反旗を翻す動きが再び表面化した。支持率低迷に苦しむバイデン大統領が局面を転換する展望を描けないまま、アメリカは選挙の季節に入り、そして、２０２２年11月の中間選挙の結果は、下院での共和党の奪回であった。

パレスチナ問題については、結局、イスラエル・パレスチナ合同経済委員会の再開が唯一の具体的成果と言わざるを得ない訪問となった。バイデン政権は、トランプ時代に悪化したパレスチナ関係の改善に前向きな姿勢を見せてきたが、２０１４年以降中断しているイスラエル・パレスチナ交渉を再開させるほどの熱意もない（実際、政権発足当初は中東和平担当特使も任命しなかったが、今回のハマスの攻撃を受け、アメリカは慌てて10月15日に中東人道問題特使を任命）こと、パレスチナ問題は、もはや大統領マターではないということも明らかになったと言わざるを得なかった。

かつてのクリントン大統領が１９９８年12月にガザを訪問し、また、２０００年７月に、キャンプ・デービッド・サミットで15日間、かかりっきりになったこととは雲泥の差である。

アメリカの中東問題への関与の逓減《ていげん》の証左がパレスチナ問題に如実に表れていると

言えよう。バイデン大統領が、2022年7月の訪問の最後に、中東への再関与を表明したことは、アメリカのちぐはぐな外交戦略と言わざるを得なかった。

就任直後から脱・中東戦略を掲げ、中国、ロシアと真正面から向き合うとしたのは、バイデン大統領自身の方針であり、裏を返せば、中東に空白が生まれ、そこに中国・ロシアが入ることを当然想定していたからだ。

米政府高官も、中東で中国の影響力が伸長することにはがゆい思いでいた（2023年3月には、サウジアラビアとイランの国交回復の仲介を中国に持っていかれることになった）が、それがバイデン大統領の方針である旨を、私に明確に述べていた。ロシアによるウクライナ侵攻に起因する世界的な原油高によって、バイデン政権は外交方針の根本的な変更を余儀なくされたということかもしれない。

そして、このような状況下で、10月7日のハマスによるイスラエル攻撃は起こるべくして起こったとも言える。アメリカの歴代政権のパレスチナ問題への無関心、あるいはイスラエルへの一方的な肩入れが招いた結果だった。

終章　ガザ戦争の行方

徹底的な消滅戦争

これまで詳しく述べてきたように、2023年10月7日のハマスによるイスラエルへの攻撃の一因には、近年国際社会、なかんずく同胞のアラブ諸国からもパレスチナ問題を放置されていた（先述の2020年8月のイスラエル・UAEのアブラハム合意もパレスチナ問題の進展なしに実現）ことに加え、2023年に入り、イスラエルとアラブ・イスラムの盟主であるサウジアラビアとの国交樹立に向けた動きが加速化していたこともあった。

実際ハマスの幹部は、攻撃後、両国の関係正常化を牽制する声明を出している。

イスラエルのネタニヤフ首相は、2023年9月の国連総会での演説で「我々はイスラエルとサウジアラビアの歴史的な和平への入り口にいる」と語り、サウジアラビアのムハンマド皇太子（首相）も米メディアのインタビューで、イスラエルとの関係正常化について問われ、「日々近づいている」と述べた。

また、バイデン政権の国家安全保障会議（ＮＳＣ）のカービー戦略広報調整官も２０２３年９月末、「（イスラエルとサウジアラビアの国交正常化の）基本的な枠組みは合意していると思う」と自信を見せていた。

しかし、ハマスも含むパレスチナ側には、それがパレスチナ問題の解決なしに実現することへの懸念が広がっていた。それらの懸念に応えようと、サウジアラビアは、２０２３年９月下旬、駐パレスチナ・サウジアラビア大使をヘッドとした交渉団をヨルダン川西岸のパレスチナ自治政府に派遣した。

だがイスラエルをせん滅し、エルサレムを首都とするパレスチナ国家樹立を目指すハマスにとっては、完全なまやかしに映ったのだ。また、ハマスも、ガザのパレスチナ住民から経済状況の悪化への不満を受けており、何らかの成果を必要としていた。

エルサレムを首都とするパレスチナ国家樹立というハマスの目標は、30年前のイスラエルとＰＬＯの和解（オスロ合意）の際には、まだ幻想ではなかったかもしれないが、2014年以降、双方の交渉も途絶えた中、もはや解決には一筋の光も見えない状況だった。

サウジアラビアは表向きはパレスチナ問題の解決をイスラエルとの国交樹立の前提としていた（2002年、アラブ諸国は、パレスチナ問題の解決なしにイスラエルと国交を正常化しないとのアラブ・イニシアティブを発表）。しかし2022年12月に発足したイスラエル史上最も右寄りとされ、対パレスチナ強硬策を続けるネタニヤフ政権との間で、パレスチナ問題を、パレスチナ人が望む形で実現することは不可能だった。それにもかかわらず、サウジアラビアがイスラエルとの合意に前のめりになったのはなぜか。

今やサウジアラビアの実権を握るムハンマド皇太子（38歳）にとっては、1993年のオスロ合意は歴史上の出来事にすぎず、パレスチナ人には生活に苦しまない程度の支援を提供しておけばよいと考えていた節もある。

ハマスによる奇襲に見られるアラブストリートの反イスラエル感情の高まり（サウ

ジアラビア国民の間でもＳＮＳ上で、イスラエル非難はかつてない高まりを見せていた）に、最も驚いたのはムハンマド皇太子だったとしても不思議ではない。

ただし、現下のサウジアラビアにとって、脱石油依存社会を目指すビジョン２０３０の実現が最優先であり、イスラエルとの国交正常化によるハイテク産業の国内経済への流入を目指す大きな動きは、今後も変わらないだろう。


一方、オスロ合意の仲介者であったアメリカ（バイデン政権）は、２０２４年の大統領選挙に向け、この３年間、中東では何の成果もあげておらず（選挙公約のイランとの核合意への復帰も現時点で実現せず）、逆に２０２３年３月には、中国に、サウジアラビアとイランの外交関係正常化の仲介を許していた。そのため中東における影響力確保に向け、レガシーづくりに躍起になっていた（トランプ大統領は、２０２０年８月、イスラエルとＵＡＥの国交樹立を実現した〈アブラハム合意〉）。

これがイスラエルとサウジアラビアの国交樹立という歴史的な成果を焦る背景だっ

たが、一方、もはや、困難なことが自明なパレスチナ問題の解決には関心を全く見せていなかった（２０２２年７月のバイデン大統領のパレスチナ訪問時も、交渉再開は時期尚早としてパレスチナ側を失望させた）。

生きるか死ぬか——戦闘は長期化するのか？

２０２３年10月７日のハマスによる攻撃では、２３０人以上が人質となり、イスラエル史上未曽有の事態となった。イスラエルはガザへの地上侵攻を人質解放と合わせて成功させなければならず、困難を極めた。

そのような中、２０２３年11月18日、イスラエルのガラント国防相は、イスラエルのガザへの地上作戦が第２段階に入ったと宣言。第１段階としてガザ北部のハマスの拠点をせん滅し、第２段階ではガザ南部のハマスの施設を集中的に攻撃すると述べたのだ。現在、ガザの被害（死者は１万５０００人を超えた）を抑えるための「人道的休戦」か「恒久的な停戦」かが焦点となっている。

いずれにせよ、今後イスラエル側は、人質が解放されるまでは停戦には応じず、ハマスも人質解放のカードを小出しにしつつ、イスラエルとの消耗戦に持ち込みながら、更なる戦闘に備え戦闘能力を蓄えるだろう。

今回、ハマスは、物理的な戦闘能力の限界まで戦う覚悟であると見られる。一方の、イスラエル・ネタニヤフ首相も、攻撃を未然に防げなかった責任を問われている（イスラエル国内ではネタニヤフ首相の責任を問う声は日に日に強まっており、同首相も作戦終了後の進退に言及している）。

同首相にとっては長きにわたる自身の政治生命を賭けた戦いであり、ハマスへの一切の妥協は許されない状況となっている。このように、イスラエルにもハマスにも、妥協の余地はなく、一時的な戦術の変更はあっても、戦争の長期化は不可避であろう。

そして、すでにその兆候は見られているが、イランが、レバノンのヒズボラなどを通じて、この事態に本格的に参戦するといった、面的な広がりを見せるかが焦点となろう。

また、この機に乗じて、ロシア・プーチン大統領がアラブ連盟事務局長やアッバース・パレスチナ大統領をモスクワに招待するなど中東外交を活発化させている点や、中国も中東和平特使を任命してイスラエル・パレスチナ間の和平交渉再開に意欲を見せている点は見逃せない。

最終的には、この戦争の終末は、（アメリカ大統領選挙をにらみ、トランプ氏を意識した）バイデン大統領対（ハマスに影響力のあるイランと蜜月、かつ、イスラエルの隣国シリアに直接影響力のある）プーチン大統領、そして（2023年3月サウジアラビアとイランの和解を仲介し、大国の外交に自信を深める）習近平国家主席との代理戦争になる可能性もある。それはロシアによるウクライナ侵攻により生じた、世界の多極化の第2幕の幕開けを意味することになる。

ガザの未来を地獄にしてはならない

この本では、特に1993年のオスロ合意以降の、パレスチナ問題の歩みを、イスラエル、パレスチナの視点のみならず、アメリカをはじめとする国際社会の動きと絡めながら、私の現場感覚で説明を試みてきたつもりである。

すでにガザの未来図については、イスラエル、アメリカ、そして国際社会から様々な意見が出ているが、これまで、誰もがガザの統治に責任を取りたがらなかった歴史からして、明るい未来を描くことは容易ではないだろう。

また、改めてイスラエル国家とパレスチナ国家が共存すべきという「二国家解決」という考え方がここに来てクローズアップされているのは、私には歴史の皮肉に思えてならない。まるで時代は30年前のオスロ合意に戻ったようだ。

ネタニヤフ首相は今回のハマスによる攻撃を、アメリカの９・11同時多発テロ事件になぞらえ、またイスラエルの対応を、第二次独立戦争と呼んだ。

第一次独立戦争の１９４８年から、パレスチナとの和解を実現したはずの１９９３年までに実に45年かかった歴史に学べば、おそらく今後半世紀にわたる長い戦争の幕開けと言えるかもしれない。１９９３年のオスロ合意がなぜ成し遂げられたのかを考えれば、いかに現下（２０２３年11月）の状況が当時と異なり、また、30年前の状況に戻ることが難しいかが分かるだろう。

まず、本書でも強調したが、オスロ合意の仲介者は米大統領であった。クリントン大統領は２０００年、パレスチナ問題の解決に向けて連続15日間を費やした。その後のアメリカは、９・11同時多発テロ事件、イラク戦争で疲弊し、中東からは一貫して逃げ腰であった。

今後、アメリカは果たして、この気の遠くなるようなイスラエルとパレスチナの和平交渉再開に向けて本気で取り組むのであろうか。今回の戦争で、アメリカの世論も割れて、パレスチナ支持が増えている点にかすかな希望を見出したいが、２０２４年の大統領選に向けた共和党の候補者はイスラエル支持一点張りであり、歴史が証明するように共和党政権下で、パレスチナ問題の解決は難しいと言わざるを得ない。

オスロ合意の一方の当事者は、和平推進派のイスラエル・ラビン首相だった。しかし、１９９５年極右のユダヤ人青年に暗殺され歴史は変わった。パレスチナ問題の解決に、一切の妥協を許さない勢力がイスラエルにもパレスチナ（ハマス）にもいる。「ゼロサムゲーム」。生きるか、死ぬか。これが答えが出ないパレスチナ問題の現実である。

また、オスロ合意のもう一方、パレスチナの当事者は、評価は割れるがカリスマ性のあったアラファト議長だった。しかし、２００６年のパレスチナ選挙でハマスが勝利し、ガザをハマスが完全統治するようになり、オスロ合意で設立されたパレスチナ自治政府は、パレスチナ人を代表する正統性を著しく失ってしまった。

現在のアッバース大統領は高齢であり、後継者も育っていないのが現実である。これが、イスラエルをして、「パレスチナに交渉相手がいないので、交渉ができない」との口実を与えてしまっている。

アメリカ、イスラエル、パレスチナ。オスロ合意のそれぞれの当事者が、この30年で歩んだ歴史の針を元に戻すことができるのだろうか。

中東における人質解放は奇跡

さて、この終章を書いているまさにそのとき、ハマスによる人質の解放のニュースが飛び込んできた。ともあれ朗報であった。

私には「人質解放」で、忘れられない苦い記憶がある。2004年から2008年まで、私は、外務省でイラクを担当していた。当時は、イラク戦争（2003年）後で、イラクの治安が悪化する中、イラクを訪問した日本人が何人も人質として拘束された。

中には、日本政府の交渉で無事解放された日本人もいたが、残念ながら全員ではなかった。日本政府は、人質解放のために、あらゆる努力をしていた。時には、中東で最大のメディアの一つである「アルジャジーラ放送」（カタールに拠点を置く）を通じて、犯人グループに日本人人質の解放を働きかけたこともあったのだ。

2004年10月にイラクで日本人が拘束された際には、町村信孝外務大臣（当時）が、外務省の大臣室から、「アルジャジーラ放送」に解放を呼びかけるメッセージを読み上げた。私は当時、アラビア語通訳として、町村大臣の日本語を同時通訳し、アラビア語で犯人グループに訴えたのだ。しかし、その働きかけも実らず、日本人人質は虐殺されてしまった。

そのほか、私は、中東での人質解放交渉にも関わってきた。すべてが良い結果ではない。２０１５年には、イスラム国（ＩＳ）に日本人が拘束され、人質になり、帰らぬ人となった。人質の解放交渉とその実現は、想像を絶する難しい任務なのだ。

今回のハマスによるイスラエル攻撃で、ハマスは多くのイスラエル人、外国人を人質に取った。そのような中、２０２３年11月23日、ハマスは、イスラエルによる戦闘休止を条件に、翌24日からの４日間で合計50人の人質を解放することに合意した。そして、実際には、戦闘休止期間は、２度、計３日間延長され、11月30日の時点で１００人以上が解放された。

すでに、ハマスは、10月20日に２人、10月23日にも２人を解放していた。私の経験からも、中東においては、交渉を通じて、人質が解放されることは奇跡に近いと言っていいだろう。苛酷な中東の環境では、過激派組織にとって、人質の解放は「弱さ」とみなされるためだ。今回、なぜハマスは人質を解放したのか。

カタールとハマスの危うい関係——和平の正念場

私は、ハマスによるイスラエル攻撃後の、２０２３年10月下旬に、カタールを訪問し、先述の「アルジャジーラ放送」の番組担当記者と再会した。同記者とはかれこれ20年来のつきあいになる。同記者は、私に以下のとおり述べた。

「ハマスの政治事務所がカタールにあることは、カタールにとっては諸刃の剣でもある。ハマスへの人質解放を働きかけるという外交カードを有する反面、ハマスを匿《かくま》っているとの批判を特に欧米から受けることにもなる。一連の人質解放交渉が終了した段階で、カタールはハマスとの関係を見直すことになるだろう」

「カタールにとっては、自国の経済的発展が最優先で、外交的にあまり目立ちすぎるのは得策ではないのだ。そのほかの多くのアラブ諸国も、本音では、イスラエルとハマスの衝突の影響が自国に波及することに戦々恐々としており、そのためにもハマスには一刻も早く人質を解放させ、事態を鎮静化したいのが本心だろう。アラブ諸国からカタールを通じたハマスへの圧力はすさまじい。ただ、気をつけなければならないのは、誰も、ガザのパレスチナ人の将来を考えていないことだ。このままでは、人質解放後は、また、ガザは国際社会から忘れ去られ、結局、ハマスがガザに居続けることになるだろう」

今後、２３０人以上とった人質が全員解放されるには、更なる期間が必要であろう。しかし、人質全員の解放が実現したとしても、それをもって、この問題が終結するわけでは決してない。

イスラエルのネタニヤフ首相が、11月22日の会見で、戦闘休止が終われば「（ハマスのせん滅という）目標を達成するまで戦いを続ける」と述べているとおり、ガザにおける長い戦いは、人質解放後がむしろ正念場と見るべきである。実際、12月１日には戦闘休止が終了し、イスラエルはガザへの空爆を再開した。

今度こそ日本も含め国際社会は、ガザの将来、パレスチナ問題の解決策を真剣に考えなければならない。ガザを「人間のごみ箱」として扱い、「臭いものに蓋」をすることは、もう決して許されない。

パレスチナ紛争年表

西暦	出来事
19世紀末	ユダヤ人のパレスチナへの移民始まる
１９１４～１９１８年	第一次世界大戦
１９３３年	ドイツでナチス政権誕生
１９３９～１９４５年	第二次世界大戦
１９４７年	国連によるパレスチナ分割決議案
１９４８年	イスラエル成立　第一次中東戦争　パレスチナ難民の発生
１９５６年	第二次中東戦争
１９６７年	第三次中東戦争
１９６８年	カラメの戦い
１９６９年	アラファト氏、ＰＬＯの議長に就任
１９７０年	ヨルダン内戦、アラファト議長、レバノンへ
１９７３年	第四次中東戦争　第一次石油危機

1979年	イランで革命政権の成立　キャンプ・デービッド合意
1982年	レバノン戦争、イスラエル軍レバノンに侵攻　サブラ・シャティーラ難民キャンプでの虐殺
1987年	第一次インティファーダ
1993年	オスロ合意
2000年	第二次インティファーダ　イスラエル軍のレバノンからの撤退
2004年	アラファト議長の死
2006年	ハマスの議会選挙での勝利
2008年	アメリカで金融危機（10月）　イスラエルのガザ攻撃（12月）
2009年	ガザ停戦（1月）　オバマ新大統領就任（1月）　イスラエル総選挙（2月）
2014年	イスラエルのガザ侵攻（7～8月）
2020年	アメリカ政府が仲介した「アブラハム合意」などにより、イスラエルがアラブ首長国連邦（ＵＡＥ）をはじめとした4か国との関係正常化
2022年	イスラエルでネタニヤフ氏率いる右派や極右政党などの連立政権発足
2023年	ハマスによるイスラエルへの攻撃から武力紛争が勃発

参考資料

『イスラエル　人類史上最もやっかいな問題』ダニエル・ソカッチ著、鬼澤忍訳（NHK出版）
元総理通訳と国連機関の親善大使を務める女優が語る「外国語学習の真髄」
https://gendai.media/articles/-/74789?imp=0
日本は自国ファーストでは生きていけない。だから内向き傾向が心配です
https://gendai.media/articles/-/74790?imp=0
【解説】ハマスとは何者か　今イスラエルを攻撃した理由は
https://www.bbc.com/japanese/features-and-analysis-67069031
「トランプ和平案」が突きつけた中東の新たな現実
https://www3.nhk.or.jp/news/special/new-middle-east/trump-peace-plan-revealed/

写真出典等

p.63　オスロ合意
https://commons.wikimedia.org/wiki/File:Bill_Clinton,_Yitzhak_Rabin,_Yasser_Arafat_at_the_White_House_1993-09-13.jpg

p.64 イツハク・ラビン
https://commons.wikimedia.org/wiki/File:Flickr_-_Israel_Defense_Forces_-_Life_of_Lt._Gen._Yitzhak_Rabin,_7th_IDF_Chief_of_Staff_in_photos_(11).jpg

p.67 ベンヤミン・ネタニヤフ
https://commons.wikimedia.org/wiki/File:Benjamin_Netanyahu,_February_2023.jpg

p.75 エフード・バラック
https://commons.wikimedia.org/wiki/File:Ehud_Barak_official.jpg

p.85 マフムード・アッバース
https://commons.wikimedia.org/wiki/File:Mahmoud_Abbas_May_2018.jpg

p.99 アリエル・シャロン
https://commons.wikimedia.org/wiki/File:Ariel_Sharon,_by_Jim_Wallace_(Smithsonian_Institution).jpg

p.153 ジョージ・J・ミッチェル
https://commons.wikimedia.org/wiki/File:GeorgeMitchellCrop.jpg

p.157 デニス・ロス
https://commons.wikimedia.org/wiki/File:Dennis_Ross.jpg

p.166　アブラハム合意
https://commons.wikimedia.org/wiki/File:President_Trump_and_The_First_Lady_Participate_in_an_Abraham_Accords_Signing_Ceremony_(50345630003).jpg

p.204　バイデン大統領とラピド首相
https://commons.wikimedia.org/wiki/File:P20220714AS-0216_(52325477985).jpg

著者略歴

中川浩一《なかがわこういち》

一九六九年、京都府生まれ。慶應義塾大学卒業後、一九九四年外務省入省。

一九九五年〜一九九八年、エジプトでアラビア語研修。

一九九八年〜二〇〇一年、在イスラエル日本国大使館、

対パレスチナ日本政府代表事務所（ガザ）、アラファトPLO議長の通訳を務める。

二〇〇一年〜二〇〇四年、条約局国際協定課、

二〇〇四年〜二〇〇八年、中東アフリカ局中東第2課、在イラク日本国大使館、

二〇〇一年〜二〇〇八年、天皇陛下、総理大臣の

アラビア語通訳官（小泉総理、安倍総理〈第1次〉）。

二〇〇八年〜二〇一一年、在アメリカ合衆国日本国大使館、

二〇一二年〜二〇一五年、在エジプト日本国大使館、総合外交政策局政策企画室首席事務官、

大臣官房報道課首席事務官、

地球規模課題審議官組織地球規模課題分野別交渉官を経て

二〇二〇年七月、外務省退職。

二〇二〇年八月から国内シンクタンク主席研究員、ビジネスコンサルタント。

著書に『総理通訳の外国語勉強法』（講談社）、『プーチンの戦争』（幻冬舎）。

幻冬舎新書 714

ガザ
日本人外交官が見たイスラエルとパレスチナ

二〇二三年十二月二十五日 第一刷発行

著者 中川浩一
発行人 見城徹
編集人 小木田順子
編集者 鈴木恵美 福島広司
発行所 株式会社 幻冬舎
〒一五一-〇〇五一 東京都渋谷区千駄ヶ谷四-九-七
電話 〇三-五四一一-六二一一(編集)
〇三-五四一一-六二二二(営業)
公式HP https://www.gentosha.co.jp/
ブックデザイン 鈴木成一デザイン室
印刷・製本所 中央精版印刷株式会社

Printed in Japan ISBN978-4-344-98716-6 C0295
な-29-1

*この本に関するご意見・ご感想は、左記アンケートフォームからお寄せください。
https://www.gentosha.co.jp/e/

幻冬舎新書

内藤正典
分断を乗り越えるためのイスラム入門

１４００年前に誕生し、いまだに信者が増え続ける宗教・イスラム。教えの強さはどこにあるのか。なぜ欧米から嫌悪されるのか。世界の3人に1人がムスリムになる時代の、必須教養としてのイスラム入門。

峯村健司　小泉悠　鈴木一人　村野将　小野田治　細谷雄一
ウクライナ戦争と米中対立
帝国主義に逆襲される世界

米中対立が激化する中、２０２２年2月、ロシアがウクライナに侵攻。世界情勢はますます混迷を極めた。世界は弱肉強食の19世紀的帝国主義に回帰するのか？　国際政治のエキスパート達が白熱激論。

佐藤正久
知らないと後悔する
日本が侵攻される日

ロシア、中国、北朝鮮に囲まれた日本の危険性は日増しに高まるばかりだ。ロシアはなぜ北方領土を手放さないのか、中国が尖閣諸島を欲しがる背景、北朝鮮のミサイル発射の脅威……。日本防衛の真実

五木寛之　佐藤優
異端の人間学

欧米中心のヘゲモニーが崩れつつある今、ロシアを理解しなければ私達は生き残れない。この国を深く知る二人が、文学、政治経済、宗教他、あらゆる角度から分析。隣国の本性、新しい世界の動きとは。

佐藤唯行
英国ユダヤ人の歴史

巨大財閥ロスチャイルド家を筆頭に、反ユダヤ主義の迫害に屈せず目覚ましい成功を遂げた英国ユダヤ人。政治との関わり、ビジネス展開ほか、英国千年の盛衰に重大な役割を果たした足跡を読み解く。

島田裕巳　中田考
世界はこのままイスラーム化するのか

なぜ今、キリスト教が衰退の兆しを見せ、イスラームの存在感が増しているのか？　テロや紛争、移民問題に苦悩しつつも、先進国が魅せられる理由とは。比較宗教学者と屈指のイスラーム学者が激突！

保阪正康
戦争の近現代史
日本人は戦いをやめられるのか

なぜ近代日本は戦争に突き進んだのか？　戦争を回避する手段はなかったのか？　明治・大正と昭和の戦争の違いとは？　本書では日本近現代の戦争の歴史から、次代の日本のあるべき姿を提言する。

堤未果
堤未果のショック・ドクトリン
政府のやりたい放題から身を守る方法

コロナ禍や震災など惨事に便乗し、個人情報や資産が奪われようとしている!!　空前の利益を得る製薬企業の手口、マイナカードの先にある政府の思惑など……。強欲資本主義の正体を見抜く一冊。

幻冬舎新書

山下一仁

日本が飢える!

世界食料危機の真実

ロシアのウクライナ侵攻は、食料不安を一気に加速させた。減反政策で米の生産が減り続ける日本。有事においてこの国は武力攻撃ではなく食料不足で壊滅する――。元農林水産省官僚による緊急警告。

伊藤賀一

1日1ページで身につく!

歴史と地理の新しい教養365

変化の激しい現代社会を読み解くための強力なツール(教養)が「歴史と地理」。同時に身につけると、国際関係も日本の立ち位置も見えてくる。一生使えて今日から役立つ画期的な教養本。

小笠原弘幸

オスマン帝国 英傑列伝

600年の歴史を支えたスルタン、芸術家、そして女性たち

イスラム世界の覇者、オスマン帝国はなぜこれほど強大だったのか。多民族と多宗教からなるこの国では、その転換期に必ず傑物が現れていた――。600年の繁栄と衰亡の歴史をひもとく人物伝。

出口治明

自分の頭で考える日本の論点

「経済成長は必要か」「民主主義は優れた制度か」等、専門家の間でも意見が分かれる22の論点について、著者ならどう判断するかを解説。生きるのに役立つ知識が身につき、本物の思考力も鍛えられる一冊。